平凡社新書
852

# 新聞の嘘を見抜く

「ポスト真実」時代のメディア・リテラシー

徳山喜雄
TOKUYAMA YOSHIO



HEIBONSHA

# 新聞の嘘を見抜く●目次

# プロローグ

ジャーナリズム、とりわけ新聞をめぐる環境は厳しい。若い人の新聞離れは進み、大学などで講義をした際、「新聞を読んでいる人？」と尋ねると、パラパラと手があがる程度。ひどいときは、手があがらないことさえある。

実際、どの新聞も発行部数は落ちる一方だ。それだけでなく、政権に批判的な新聞に対する公権力側からの攻撃も激しい。政権に近い新聞とそうでない新聞の間に深い亀裂が走り、さらにそれを政権が利用するという事態もある。そのようななか、メディアに対する不信といったものが国民の間にあり、事態をより危機的なものにしているのが今日の状況ではないか。

民主主義社会を実現していくうえで、公権力の不当な権力行使を監視するジャーナリズムのウォッチドッグ（番犬）機能をなくすことはできない。デジタル時代を迎え、インターネットやSNS（ソーシャル・ネットワーキング・サービス）の影響力が強まり、新しい

「権力」が誕生したかのようにみえなくもないが、新聞の社会的な役割をいまのネット・メディアが担っていくことができるのだろうか。問題を抱えつつもこれまで新聞が果たしてきた権力監視機能を、肩代わりできるメディアは存在しないのが実情だ。

ならば、新聞ジャーナリズムが踏ん張るしかないのではないか。欧米をはじめ日本においても、「偽《フェイク》ニュース」が氾濫する今日の不確実な社会情勢や時代を考えると、新聞の役割の再検討、つまり新聞の再定義をすることが必要だと思った。

新聞社はいろいろなことをして社会貢献してきたが、今後は経営が行き詰まる新聞社もあるだろう。新聞は贅肉をそぎ落とし、生き残りにかける必要がある。絶対に譲れない新聞の役割は何なのだろうか。どのようにして守り、強化すればいいのか。これを考えて実践していくことが、ここでいう新聞の再定義と考えている。

日本において現代の新聞の原型ができたのは明治初めで、150年ほどにわたってほぼ同様のビジネスモデルで貫かれてきた。この過程でできあがった報道スタイルは、作為あるいは不作為の嘘をつき、社会や読者を翻弄してきたという歴史もある。

朝日新聞が、日本共産党の幹部の伊藤律に会見をしていないのに会見したと捏造《ねつぞう》記事を書いた伊藤律架空会見事件や、同紙の報道カメラマンが沖縄・西表島《いりおもてじま》のサンゴに自ら傷をつけて自作自演の告発をしたサンゴ損傷事件などはきわめつけの嘘だ。しかし、これは粗暴かつ単純なもので、本書ではこのようなものではなく、この150年間につちかわれた宿痾《しゅくあ》ともいえる新聞報道の構造上の問題に着目したい。1人のあるいは少人数の記者が悪事を働くといったものではなく、理性よりも感情に訴える大衆迎合主義的な報道によって世論をミスリードしていくという問題、政権と一体化することで、ときの政権に有利な報道をする問題、忖度《そんたく》や萎縮、同調圧力のなかでミスリードする問題、誤報記事を書いたにもかかわらず、訂正あるいは修正せずに誤報が歴史資料となったケースもある。

第1章から第6章までこうした新聞の構造的といえる問題点を例証する。そして第7章で私なりに今後の新聞はどうあるべきか提言したい。具体的に事例として挙げている新聞記事は、2012年12月の第2次安倍晋三政権の発足以降のものを中心にした。特に断りのないかぎり、東京本社発行の最終版をもとにしている。

それにしても、私が第一線で記者をしていたころに比べ、いまの記者の仕事は忙しい。取材内容によっては写真と動画を撮り、ネットに速報を送り、新聞原稿を書き、記者ブログを更新し、ツイッターでつぶやく。地方の記者は自家用車を運転して現場に駆けつける。かごのなかで回転車輪を走りつづけるハムスターにちなみ、「ハムスター記者」と呼ばれることがある。しかし、隠された事実を発掘していくという新聞記者の仕事の本質は、未来永劫変わらないのではないか。

私事になるが昨年、33年間にわたり勤務した朝日新聞を退職した。65歳定年に延長される予定なので、少し早めに辞めたことになる。新聞を中心に週刊誌や月刊誌の編集に携わり、新聞社内の研究所でジャーナリズム研究をする機会もあった。国内外のさまざまな大きな出来事を取材することができ、恵まれていたように思う。

組織ジャーナリズムの一員として働くことには、メリットとデメリットがあろう。日本の労働環境を考えると、大きな組織に属する方が働きやすいかもしれない。取材もしやすいかもしれない。私も現に恩恵を受けてきた。しかし、一方を追求すれば他方を犠牲にせざるをえないというトレードオフのような状況もあり、個人あるいは小さなグループだからこそ、成し遂げることができるジャーナリズムもあると考えた。これについては第1章で言及している。

もう一度、ジャーナリストをめざした原点に立ち返り、記者として何をしたかったのか、考え直して再挑戦できればと思っている。本書は、ジャーナリズムの中核を担ってきた新聞とはどんな生き物だろうかと改めて考え、描いた。

また、新聞をどう読めばより豊かな情報を得られるのかなど、新聞のより良き読み方という点に注意をはらった。私は複数の新聞を読み比べ、切り口の違い、使っているデータ（事実）の違い、解釈の違いなどを丹念にみていくことを薦めている。同じテーマを扱ったものでも「こんなに違った記事になるのか」と驚くことがしばしばある。相違点を整理していくことで、「ひょっとしたら、こんな隠された事実があるのではないか」と推測できることもあるし、新しくものを考える起点になることもある。

新聞報道の構造上の問題を知ったうえで、注意深く読むことで、扱われているテーマをより深く理解できたり、問題の所在がより俯瞰的、立体的にみえてきたりすることがある。多数の具体例を挙げながら、このように読んだら、より有効に情報を得ることができると随所でアドバイスしている。メディアリテラシーに役立ててもらえれば、幸いである。

# 第1章
# 「ポスト真実」時代の新聞
## ——Brexitと米大統領選挙

## 人々の情動に訴える偽ニュース

2016年は波乱の年だった。50年後、100年後の歴史家が、16年と、つづく17年を振り返り、あのときから世界が変わったと評するかもしれない。

16年6月に英国が国民投票でEU（欧州連合）離脱を選択し、11月には米大統領選挙で暴言を繰り返す不動産王ドナルド・トランプ氏（共和党）が前国務長官のヒラリー・クリントン氏（民主党）を破り、次期大統領の座についた。いずれも専門家や主要メディアの大方の予想をくつがえすものだった。

英米ともに既得権益をもつエリート層を攻撃し、移民排斥など排外主義的な主張を繰り返す側に票が集まった。白人中間層から滑り落ちた「忘れられた人々」の情動に訴えるポピュリズム（大衆迎合主義）的な手法の勝利となった。

過激な発言はしばしば嘘をともなうものだったが、多くのメディアはそれをそのまま垂れ流した。そして、そうした嘘はSNS（ソーシャル・ネットワーキング・サービス）や、さまざまなタイプのインターネットメディアを通じ、ものすごい勢いで拡散していった。米紙ニューヨーク・タイムズは「ファクトチェック（事実確認）」のコーナーで発言内容を検証したが、焼け石に水だった。

もっとも安定した民主主義国家であるとされた英国と米国でどんでん返しがあったものだから、世界は動揺した。英米においてメディアはマイノリティーの声をよくすくいあげるが、サイレント・マジョリティーといえる「忘れられた人々」の声は無視してきた。そこを扇動的な政治家たちが巧みについた。民主主義の欠陥をつくかのようにゲリラ戦で挑み、正規軍を圧倒したのである。

このことからオックスフォード大学出版局は、16年を象徴する「ワード・オブ・ザ・イヤー（今年の単語）」に、「post-truth（ポスト真実）」を選んだ。「世論形成において客観的事実の説明よりも、感情に訴える方が影響する状況」といったような意味だ。

歴史的な結果になった米大統領選を例に挙げれば、トランプ氏はエスタブリッシュメントといわれる既得権益層を虚実ないまぜの「事実」をならべて口汚く罵《ののし》った。それに対し、主要メディアはトランプ氏を嘘つきと批判したが、「忘れられた人々」にとってはトランプ氏がいったことが嘘か真実かは、どうでもよかった。既得権益層を罵倒したトランプ氏の、その言葉そのものが重要で拍手喝采した。それは、まるで時代のページをめくるように響いたのである。

Brexit《ブレグジット》（英国のＥＵ離脱）と米大統領選は、人々の情動に訴える偽《フェイク》ニュースの方が真実に勝る訴求力があるということを証明した。「post-truth」の「post」は一般的には「……

後」「脱……」という意味だが、「重要ではない」という含意もある。世界は客観的な事実や真実が重視されない時代、換言すれば「自ら望んでいるストーリー」だけを読みたいという時代に踏み込んだかのようである。

冷静に報道すべき主要メディアは、「トランプ氏落選」という読みたいストーリーだけに目を向け、「トランプ氏優勢」という客観的な事実をつかみきれなかった。世論の動向を読み切れず、「ヒラリー氏優勢」という誤報を繰り返したのである。

## 世論をミスリードした英国のEU離脱報道

それではBrexitといわれる、英国のEU離脱をめぐっての報道をみてみよう。

離脱の是非を問う英国の国民投票は2016年6月23日に実施され、離脱票が過半数に達して離脱派が勝利した。投票の1週間前に英国中部リーズ近郊の町バーストルで、残留派のジョー・コックス下院議員が射殺されるという事件もあったことで、僅差で残留派が勝つとの見方が支配的だったが、そうはならなかった。

コックス氏はシリア支援を掲げる超党派の議員連盟の共同議長を務め、難民保護に精力的に取り組んでいた。慈善運動家の夫と幼子2人が残された。現場近くに住む容疑者の男(当時52歳)は地元警察に身柄を拘束された。報道によると、男は犯行時に「ブリテン・

ファースト（英国優先）」と叫び、南アフリカの白人至上主義団体や米国のネオナチ団体から雑誌や書籍をネットで購入していたという。トランプ氏は「アメリカ・ファースト（米国優先）」と唱えている。

コックス氏の事件をきっかけに、英国内での対立と亀裂がさらに深まり、欧州大陸では排外的で過激な思想をもった勢力が勢いづくという懸念が広がった。離脱派は格差に不満を抱く中産階級のナショナリズムを刺激し、大英帝国時代の栄光に憧憬する内向きの大衆にポピュリズムの火を放った。これは何もイギリスにかぎった現象ではない。フランスのマリーヌ・ルペン党首が率いる右派政党をはじめ、ハンガリー、ポーランド、デンマークにおいても移民排斥を訴える政党が勢いづく。

しかしながら、日本のメディアに流れる空気はEU残留派の勝利であった。それが証拠に離脱派が勝った場合、どのような離脱手続きが必要なのかを解説する報道はほとんどなかった。それどころか、離脱をしない前提で報道されていたといえる。

離脱と決まってから、「国民投票には強制力がない」といっせいに報じられるというありさまだった。国民投票は仮に離脱票が上回っても法的拘束力がないので、すぐに英国がEUに離脱通告するとはかぎらない、再投票の可能性すらあると投票前にきちんと報じておく必要があった。そうしておけば、円急騰と株価下落の幅をいくらか緩和できたかもしれない。この点で英国のEU離脱報道には欠陥があり、世論をミスリードしたといえる。

なんだかんだといっても、英国の民意は最後にはバランスが働き、残留に傾いていくと高を括っていた面もあったろう。しかし、現実はそうはならなかった。そこに国民投票という民主主義の「誇るべき機能」に疑いを挟む余地もあるし、英国の政治や社会の複雑な様相を垣間みたとも思った。

「英国　EU離脱へ」は、どの新聞も1面トップの特大ニュースとして2016年6月24日夕刊で伝えた。翌25日朝刊も同様に大きく扱い、すべての在京紙が大型社説を構えた。多角的に報じるべきニュースであるのは当然であろう。ただ、毎日新聞社説の「初めて経験する加盟国の離脱だ。投票日の6月23日は欧州にとって歴史的な日となった」とする記述には違和感を覚えた。

毎日は「離脱だ」といい切っているが、国民投票で離脱派が過半数を僅差で取っただけで、英国は離脱を決めていない。繰り返すが、国民投票に強制力などないのである。「欧州にとって歴史的な日となった」ともいうが、もし英国が離脱しなかったら、歴史的でもなんでもない。ちなみに読売新聞社説は「英国の国民投票で、離脱支持が51・9%に達し、英国の脱退方針が決まった」と書いており、「脱退方針」とする記述は冷静で正確だ。

どの新聞もまさか離脱派が勝つとは思っていなかったのだろう。準備不足と推察するが、

6月25日朝刊にヨーロッパ総局長などしかるべき記者の署名入り原稿（論文）を1面に掲載したのは朝日新聞だけだった。日経新聞の欧州総局長も1面に記事を書いてはいるが、緊急連載の1回目で論文という体裁はとっていない。

どの新聞も押っ取り刀で駆けつけるなか、朝日はなんとか新聞の体裁を整えたとも取れた。しかし、実際はそうではなく、私は記事を読んで愕然とした。

『理念先行型』の統合 終幕」との見出しが立てられ、「EUは存在意義を失い、自壊すらあやぶまれる最大の危機に直面している。……これまで進められてきた『エリート主導、理念先行型』の地域統合に終幕を迎えた」といい切っているのである。

「EUは存在意義を失い」とあるが、たとえ英国が脱退の方針を示したところで、EUの存在意義がなくなることはないだろう。そうだとすれば、その根拠をきちんと示してほしい。「地域統合は終幕を迎えた」ともあるが、何も終幕などしていないと思う。今回の試練を経て、もっと強い地域統合が生まれるかもしれない。「理念先行型」という留保はあるが、これを読んだ読者は「EU終幕」と受け取ったのではないだろうか。

長くつづくであろう、EU離脱報道の初っ端に、朝日新聞はこのような根拠の薄い方向性を打ち出した。これに対し、読者や世論をミスリードすることにならないかと、危機感すら抱いた。英国が離脱を決定したかのように書いている文頭の「英国は欧州連合（EU）

とは別の道を歩む」とした部分は、少なくとも事実関係が不正確だ。もし英国が紆余曲折の末に残留するという道を選んだのなら、朝日はどのような修正記事を書くのだろうか。「結果に衝撃を受けた英国民に後悔の声が広がっている。……残留派を中心にEU離脱を阻止する手段が検討され始めた」とする日経新聞6月28日朝刊の記事は参考になった。たとえば、解散総選挙に進むシナリオとして「総選挙で残留派議員が勝てば、結果的に民意を再び聞いたとして離脱が撤回されるかもしれない。国民投票の結果を守る法的な義務はないからだ」との専門家の見方は示唆に富む。英下院は残留派が離脱派を大幅に上回っているのである。

さらに日経は翌6月29日朝刊に「国民投票はやり直せる」と主張する英紙フィナンシャル・タイムズのコラムを転載。「EUの歴史の中で、このような国民投票の結果は目新しくもない」としたうえで、かつてデンマークとアイルランドがEU創設を定めたマーストリヒト条約をめぐる国民投票で否決したものの、両国はEUから譲歩を引き出すという駆け引きの末、再び国民投票を実施して条約を可決していると例証した。

国民投票とは民主主義の一つの素晴らしい方法かもしれない。しかし、ポピュリズムと合体することで本来の機能を果たさないこともある。この点を押さえた論考も必要であろう。

## 主要メディアの「没落現象」

2016年の米大統領選では、大半のメディアが民主党のヒラリー・クリントン前国務長官（当時69歳）を支持し、世論調査でも圧勝するとしていた。だが、共和党のドナルド・トランプ氏（当時70歳）が勝つことになった。

たとえば、「米国の現代史上、最悪の主要政党候補」と酷評していた米紙ニューヨーク・タイムズは投票日前日、クリントン氏の当選確率を「84%」と報じていた。前回12年の大統領選結果を正確に予測した統計分析サイト「538（ファイブ・サーティー・エイト）」もクリントン氏の勝率を最終予測で「71・4%」とした。

産経新聞2016年11月12日朝刊はこのような状況に対し、「米主要メディアも『敗北』を喫した形となった。……世論調査の信頼性に疑問符が付き、今後の選挙報道における メディアなどの影響力に陰りが出る恐れもありそうだ」といち早く評した。

当初は泡沫候補扱いで、まともに相手にされていなかった不動産王のトランプ氏が、共和党の大統領候補になり、その果てに大統領にまでなってしまった。ほとんどの既存メディアはこれを予測できず、産経がいうようにまさに「敗北」した。換言すれば、嘘を報じてきたのである。ひどい誤報である。米国の主要メディアはトランプ支持層が敵視する

「エリート」や「エスタブリッシュメント（既得権益層）」の一角を占めていることが、同時に浮き彫りになった。

11月8日の投開票以降、数多《あまた》の論考や専門家へのインタビュー記事が新聞や雑誌に載せられた。私がもっとも関心をもったのは主要メディアの「没落現象」だった。朝日新聞11月15日朝刊は「ソーシャルメディアに押し上げられた人気を読み切れず、新聞など伝統的なメディアへの信頼度は地に落ちた」と断じた。

グローバル化の陰で格差が進み、フランスやドイツでは移民排斥を唱えるポピュリズム政党が伸長、東欧ではナショナリズムが勢いづく。米国では忘れられたかのような存在になった白人労働者層の怒りが渦巻いていた。このような時代状況や背景があり、「エスタブリッシュメント」を破廉恥なまでに攻撃するトランプ氏へと支持が広がった。時代の節目ともとれる底流の動きを主要メディアが予測できなかったことに、大きな危機感を抱いた。

## 政治記者と有権者の間の距離

トランプ氏を共和党の大統領候補にし、そして次期大統領にしたのは、ほかならないメディアではないか。いうまでもないが、大統領選においてメディアの果たす役割はきわめて大きい。メキシコ不法移民を「麻薬密売人」「強姦犯」と決めつけ、国境に壁を築き、その建設費はメキシコに払わせるとするトランプ氏をメディアは厳しく批判した。にもかかわらず、その効果はなく、酷評した相手に逆手にとられ、逆襲されることになった。批判した相手を、結果として応援するような報道なら、しない方がいいということになる。深刻な問題だ。

朝日新聞2016年11月15日朝刊の特集「既存メディア 問われる役割」は、この問題を考えるうえで興味深い。

特集によると、過激な発言をするトランプ氏が出演する番組は、テレビ各局にとって15年6月の立候補表明直後から高い視聴率を稼げる「キラーコンテンツ」になった。トランプ氏の会見や集会の中継を繰り返し流し、広告収入をあげるケーブルテレビCNNを、米紙ワシントン・ポストのメディア担当は10月のコラムで「テレビ局の幹部が視聴率と利益を目指すのは当然だ。しかし、ジャーナリズムは違うのではないか」と批判した。

主要ネットワークのCBSのレスリー・ムーベンス会長は2月、トランプ現象について「米国にとって良くないかもしれないが、CBSにとっては全くすばらしい」といってのけた。

ただ、トランプ氏が大統領候補になることが確実になったころから、メディアの対応に変化が現れ、「政策や過去の発言に注目が集まり、ネガティブな報じ方が多くなった。／するとトランプ氏はメディアへの対応を一変。7月を境に会見を開かなくなり、テレビ取材も保守的なFOXニュースがほぼ独占し始めた」。「ジャーナリストではない」と公言し、トランプ氏支持を隠さない人物の番組に多く出演したという。メディア側が手玉に取られているのである。

新聞報道については「全米の新聞の圧倒的多数は、社説で『反トランプ』を唱えた。だが、既存政治に不満を抱える有権者には響かなかった」とした。米公共ラジオ（NPR）のメディア担当は11月9日のコラムで「政治記者と有権者の間の距離をこれほど感じたことはない」と断言している。

一方、トランプ氏はツイッターやフェイスブックなどのSNSで「既存メディアを明確に『敵』と位置づけた」。ペンシルベニア州立大のマシュー・ジョーダン准教授は「トランプ氏がメディアを攻撃するのは、戦略の一つだ」「虚偽の情報も、何回も伝え続けると、多くの人が信用するようになる」と分析する。トランプ氏は過激な発言を繰り返し、敵をつくっては攻撃する道具として、ツイッターを巧みに使いこなす「指先介入」をつづけた。

米国の分厚い中間層が崩れ、剝がれるかのごとく落ちていった白人労働者らがトランプ氏支持へと流れていく過程でジャーナリズムは何をしたのか。「ポスト真実」という言葉とともに、ジャーナリズムの役割を再考する必要があろう。

## 荒れ狂う偽ニュースにどう対応するか

「嘘も100回言えば本当になる」という格言がある。ナチスドイツの宣伝相ヨーゼフ・ゲッベルスがいったとされる。ゲッベルスは「100回」とはいっておらず、「大きな嘘を頻繁に繰り返せば……」との言葉を後世の人が意訳したという説もある。

いずれにせよ、嘘の情報も繰り返し、まことしやかに流すと、いつのまにか事実や真実に転化するという意味だ。いま風にいえば、偽ニュースがあたかも「真実」としてひとり歩きし、影響を与えていくということだろう。

英国ではEUを離脱することで得られる利益について「欧州連合（EU）に対して英国は毎週3億5000万ポンド（約500億円）を負担」などと嘘をならべたてた離脱派が勝ち、米大統領選では「ローマ法王フランシスコがトランプ氏支持」「クリントン氏が人身売買に関与」などといった偽ニュースが氾濫した。

ゲッベルスの時代は、新聞やラジオ、演説を通じて徐々に嘘を浸透させていったが、現在はSNSやネットで瞬時に大量の偽ニュースを流せるので、その差は比べようもない。台頭するポピュリストたちが、こぞって偽ニュースを発信することで、まったく別の世界が現出されるのではないかと、世界各国が警戒を強めている。

たとえば、2017年秋に総選挙を控えるドイツでは偽情報を監視する組織を政府内につくることが議論されている。偽情報の削減や訂正を求めたり、偽情報を流した人に禁固刑を科したりすることも検討されており、念頭にあるのはロシアとされる。

パキスタンの国防相は、イスラエルの前国防相が「核攻撃でパキスタンを破壊する」と語ったとの偽情報を真に受けて、自身のツイッターに「イスラエル国防相が核攻撃をすると脅している。イスラエルは、パキスタンも核保有国だということを忘れている」と投稿した。これは頓馬な例ともいえるが、核兵器を題材にしての偽情報は質が悪い。

荒れ狂う偽ニュースに対し、主要メディアはどう対応していくのか。毎日新聞2017年1月4日朝刊に載せられた同紙の第三者機関「開かれた新聞委員会」での議論が目を引いた。

評論家の荻上チキ氏は「ネット上を中心に流布するデマ情報や懐疑的な情報を調べて訂正していくアンサーコーナーを紙面につくってほしい。またそこで毎日新聞の記事に対する疑義にも答えていってほしい」と提案。これについて慶応大学教授の鈴木秀美氏は「ネットユーザーに対してどこまで有効かという問題はあるが、影響が大きいデマ情報を調査報道の対象にしていくことは大切だ。既存メディアは既得権層と結びつくうそつきだという言説が世界中に広がりつつあるなかで、有効な対抗手段になるかもしれない」と答えた。

2017年の欧州では、春の仏大統領選につづいて秋には独連邦議会選が控える。ドイツではカリスマ的な人気があるペトリー党首の右派政党「ドイツのための選択肢(AfD)」が、EUの枠組みを重視する既成政党に挑む。偽ニュースの発信者が、そのときを手ぐすね引いて待っているかのようである。

## 清沢洌のジャーナリズム批判

若手の政治学者らと読書会をしている。2017年の最初のテーマは、戦前活躍したジャーナリストで評論家の「清沢洌《きよし》を読む」だった。

私は、販売部数の拡張を図る1930年代の新聞を批判し、警告した「現代ジャーナリズムの批判」(『講演』259号、1934年7月10日/『清沢洌評論集』岩波文庫)に着目。人間の思考を「第一思念(First thought)」と「第二思念(Second thought)」に分類する清沢氏の見方に興味を抱いた。第一思念は「感情、伝統、それから習慣というようなもの」で、第二思念は「理性、即ち教育と訓練の結果、そこから生れ得る反省的、批判的なもの」と定義している。

清沢氏いわく。明治初年のころの新聞は「第二思念を狙っ」ていたが、「読者を広く日本の各層から漁らなければならないという時代になり」、「どうしても国民が持っており、国民が考えておる傾向を裏書し、喜ばせるような記事で満」す必要がでてきて、新聞は第一思念に訴えるようになったとする。部数の拡張のために国民に読んでもらいたい理性的な記事よりも、感情に訴える記事を書くようになってきた、という明快な分析だ。

さらに、新聞の特色は「非常に国家主義の色彩が濃厚で……国家至上主義というようなもの」になったと断じる。その後37年に日中戦争が勃発、戦線の拡大とともに報道合戦は熾烈《しれつ》をきわめ、販売部数はうなぎのぼりに伸びていった。清沢氏の予言どおり国民は新聞に扇動され、戦争へと熱狂していくことになる。

「新聞が大きくなるに従って、主張的には弱くなる意味がお分りになると思う。強い時即ちその新聞が小さい時には自分の目がける社会層が定っておりまするから相当に大胆に書いてもいいのであります」とする、清沢氏の言葉は意味深長だ。いま読んでも色あせない。

翻って、それから80年後の2010年代の現代をみてみよう。

トランプ米大統領は17年1月11日に大統領選後初めて記者会見を開き、ロシア当局が同氏の名誉を傷つける個人情報を握っていると報じたCNNなどのメディアを、「お前の組織は最低だ」「黙れ」「フェイクニュースだ」と罵倒した。清沢氏がいう人間の理性ともいえる第二思念が破壊され、感情が支配する第一思念が肥大化していっている。

このようななか、ツイッターなどの電子メディアが人間や社会に与える影響に言及した劇作家の山崎正和氏の論考が目を引いた。ここでも清沢氏の第一思念にふれられている。「日常的な便宜であれ、一方的な自己主張であれ、電子機器が伝えやすい情報には一つの顕著な共通性がある。そのいずれもがまぎれもなく、清澤《ママ》洌のいう『第一思念』にもとづいていることがそれである。……一九三〇年代に大衆社会の到来を予感して恐れられた事態は、二十一世紀に及んで電子機器の普及とともに飛躍的に増幅されたと見ることができる」（「『論壇』の危機と回復への曙光」『中央公論』２０１７年１月号）。

１９３０年代は大衆化する新聞というニューメディアによって第二思念が押しやられ、21世紀の現代は電子メディアによって30年代以上の勢いで第一思念が拡張しているとする。山崎氏は清沢氏の「第一思念」「第二思念」の考えについて、大阪大学名誉教授の猪木武徳氏の近著『自由の条件』から示唆を受けたとしている。

電子メディアと民主主義の関係を語った、元米国務長官のヘンリー・キッシンジャー氏への読売新聞のインタビューは示唆に富んでいる。中国の習近平国家主席と面会するなどいまも活発に動く、93歳の老練な政治家の見立てだ。

「これは哲学的で深遠なテーマだ。インターネットは人類の性質を予期せぬ形に変えてしまったからだ。ボタン一押しで多くの情報を得られるようになったが、情報を記憶する必要がなくなった。記憶しなければ、人は考えなくなる。その結果、知識を受容する能力が著しく損なわれ、何もかもが感情に左右されるようになり、物事を近視眼的にしか見られなくなってしまった」（読売新聞２０１６年12月27日朝刊）。

メディアの発達によって「何もかもが感情に左右されるようにな」るというキッシンジャー氏の見方は、清沢氏や山崎氏の見方と相通じるものがある。１９３０年代と現代の類似性が鮮やかだ。

キッシンジャー氏は「この問題を研究し、対策を考える必要がある」とし、山崎氏は「活字文化の危機はこう見ると、たんに新聞社や出版社の衰微ではなく、人間の知性そのものの崩壊の兆候でもあるのだが、脅威が電子情報にあるとすれば起死回生の妙手が容易に見つかるとは思えない」と危機感を募らせる。

ＩＴ（情報技術）の進歩とともに、人は考える力を退化させ、予期せぬ方向に扇動されていく。民主主義を覆す地殻変動は、人の内なる変容から起こっているということか。

清沢氏の「現代ジャーナリズムの批判」にもどろう。

「新聞はかつてはその第二思念を狙った時がございました。つまり高いところに目標を置いて、自分の主張を書いて、その主張に反する者とあくまで闘ったことがあった。明治の初年の如きはそれであった」

いま、メディアに求められるのは、理性である第二思念を復権させることだろう。そして、それを実践するのは図体の大きなメディアではなく、小さなメディアでということか。

## トランプ大統領を産んだのは誰か

トランプ米大統領は就任後も過激な言動をつづけ、物議をかもしている。大統領になれば、現実路線を歩むのではないかとする甘い期待は打ち砕かれたようだ。しかしながら、このようなトランプ氏を「悪」と決めつけ、悪者にしていく米国や日本の主要メディアの論調にには違和感を覚える。

ベルリンの壁が開放された１９８９年の冷戦崩壊後のグローバル化のなか、格差が助長され、「忘れられた人々」の怒りが社会に向き、その結果トランプ氏が大統領にまで押しあげられた。トランプ氏個人が悪行を働いているのではない。歪んでいるともいえる現代社会や世界がトランプ大統領を産んだのである。

何が歪んでいるのか一例を挙げると、世界の人口の約半分にあたる36億人分の総資産額と同額の富を、８人の大富豪が握っている。米マイクロソフト創業者ビル・ゲイツ氏やスペインのアパレル大手インディテックス創業者アマンシオ・オルテガ氏、メキシコの通信王カルロス・スリム氏、米投資家ウォーレン・バフェット氏らで、８人のうち６人までが米国人だ。

これを異常といわずに、何といえばいいのだろうか。有史以来このような不平等な時代があったのだろうか。時代の徒花《あだばな》のごとく誕生したトランプ氏を責める前に、民主主義や資本主義、グローバリズムといったものの本質を考えるのが、ジャーナリズムの役割ではないだろうか。そうしないかぎり、解決には向かわないと思える。

「TPP離脱表明」を1面トップで伝える産経新聞2017年1月22日朝刊に編集局長の署名記事が掲載されていた。トランプ氏が「米国第一」主義でいくのなら、「日本第一」主義で対抗するしかないというやや乱暴ともとれる論評だが、このなかで筆者が指摘する「英国のEU完全離脱が現実化しつつあるいま、世界は行き過ぎたグローバリズムの調整期に入った。世界で最も豊かな8人が貧しい36億人分の資産を保有している世界は、明らかに異常だ。同じ金持ちでも『俺たちの気持ちがわかる』と労働者に信じさせたトランプ氏が米大統領になったのは何の不思議もない」とする見方には、どこか納得できないか。

行き過ぎたグローバリズムを「調整」する、劇薬としてトランプ氏は必要な配役なのかもしれない。トランプ現象やポピュリズムをめぐる言説で、毎日新聞1月18日朝刊に載せられた北海商科大学教授の古矢旬氏へのインタビュー記事が目にとまった。

「深刻な格差や貧困はどの国でも共通に起きていることに人々が気付き始めた。そのきっかけの一つがブレグジットであり、それがトランプ氏当選の大きな追い風にもなった。世界的に『気付きの連鎖』が起きた年が2016年だった。バラ色の未来を語ってきたグローバリゼーションのマイナス面に目を向ける動きが広がり、一種の流行現象としてポピュリズムが伸長した」

グローバリゼーションのマイナス面の「気付きの連鎖」とは、的を射ているように思える。1989年の東西冷戦を崩壊させた東欧革命を私は現場で取材していた。そのとき、悪の共産主義が打倒され、これからは自由を守る民主主義を基調としたバラ色の未来が訪れるとする言説があふれた。しかし、その後の世界はどうだっただろう。陰惨な民族紛争とテロによる殺戮《さつりく》が繰り返された。一方でグローバル化が進んだが、行きついた先は今日のような手に負えない格差社会である。

## 主要メディアの既得権益も調整期に

「トランプ大統領もあながち悪くない」とする、米アカデミー賞監督のオリバー・ストーン氏の「評価」は傾聴に値する。政権批判の映画を世にだしつづけ、リベラルで知られる監督の意外ともとれる発言を、朝日新聞が2017年1月24日朝刊に載せた。

「これまで米国は自国経済に対処せず、多くが貧困層です。自国民を大事にしていません。

ある面では自由放任主義かと思えば、別の面では規制が過剰です。トランプ氏もそう指摘しており、その点でも彼に賛成です」

「彼は、イラク戦争は膨大な資産の無駄だった、と明確に語っています。正しい意見です。第2次大戦以降すべての戦争がそうです。ベトナム戦争はとてつもない無駄でした。けれども、明らかに大手メディアはトランプ氏を妨害したがっており、これには反対します。トランプ氏がプラスの変化を起こせるように応援しようじゃありませんか」

「米国は世界をコントロールしたがり、他国の主権を認めたがらず、多くの国家を転覆させてきました。そんな情報機関をけなしているトランプ氏に賛成です。だが、そうしたことは社会で広く語られません。米国社会のリーダー層と反対の立場となるからです」

トランプ氏を悪として切り捨てるのではなく、ストーン氏のように聞く耳をもつことも必要ではないか。

トランプ氏と米国の主要メディアの衝突は不毛である。同氏は自身に不都合な報道を「偽《フェイク》ニュース」と決めつけ、政権ぐるみで意に沿わないメディアを攻撃している。スティーブン・バノン大統領上級顧問兼首席戦略官は米紙ニューヨーク・タイムズとの1月26日の電話インタビューで、大半のメディアがトランプ大統領の当選を予測できなかった点にふれ、「メディアは恥じて屈辱を味わい、しばらく黙っていろ」といいはなった。

トランプ氏自身も「〔ニュースサイト「バズフィード」は〕失敗している。ゴミの山だ」〔就任前の記者会見で〕、「あなた〔CNN〕には質問させない。あなた方はフェイクニュースだ」〔同〕、「今、私はメディアと戦争をしている」〔就任後の米中央情報局本部での演説で〕と、ひんぱんにメディアたたきをしている。

大統領就任式の観客数についてオバマ前大統領のときと比べ大幅に少なかったと報じる米メディアに対し、スパイサー大統領報道官は「虚偽」と断じた。そしてさらに、そのスパイサー氏の説明を「虚偽」と反論したメディアに、コンウェー大統領顧問は1月22日の米NBCテレビで「オルタナティブ・ファクト〔もう一つの事実〕だ」と切り返した。これは、嘘を嘘で塗りつぶすような発言かもしれない。しかし、こう強弁させるまでの素地をつくったのは、ほかならぬ米メディアともいえる。

ホワイトハウスでの記者会見では、最前列に座るニューヨーク・タイムズやCNNなどの主要メディアのエリート記者がこれまで質問者として最初に指名されてきた。しかし、トランプ政権後の会見では、彼らが無視され、ネット・ニュースや名もないメディアの記者が指名されるようになった。

エスタブリッシュメントの一角を占める主要メディアの既得権益も調整期に入ったのかもしれない。日本でも似たような現象が起こりつつある。これについては次章に譲りたい。

# 第2章

# 新聞による作為、不作為の嘘

## 極論しかない二元論的な報道

２０１２年12月に発足した第２次安倍晋三政権は、民進党などの野党が迷走するなか高支持率を得、予想外の長期政権になった。さらに、自民党は17年３月、東京都内で党大会を開き、総裁任期を現行の「連続２期６年」から「連続３期９年」に延長する党則改正も決めた。本章では、安倍政治をめぐる報道について考えたい。

まず、現在の言論状況についておさらいする。

14年夏に出版した拙著『安倍官邸と新聞――「二極化する報道」の危機』で、安全保障やエネルギー・原子力政策をはじめとする国の重要課題をめぐる在京紙の論調が、真っ二つに割れる「二極化現象」を起こしていると指摘した。

具体的には「朝日、毎日、東京新聞」が一つのグループをつくり、「読売、産経、日経新聞」がもう一方のグループを形成している。新聞の論調が分かれることは悪いことではないが、憲法改正や原発の存廃、歴史認識など国論を二分するテーマで、両グループが鋭く対立、議論が二項対立化し、双方ともにいいっぱなしで終わっているケースが多くみられた。このため深い議論や、第三の可能性を探るといった成熟した言論が成立しにくい状況になっているとした。

護憲か改憲か、原発推進か原発ゼロか、愛国か反省か、といった二者択一の極論しかない二元論的な報道が随所にみられる。これを改めていくのが、メディアとりわけ新聞の喫緊の課題と思われるが、その気配はいっこうにないといえる。

リベラル系と保守系の言論が共存し、お互いに聞く耳をもったうえで、切磋琢磨していく。これは民主主義社会での正常な姿であろう。しかし、先述したようにそうはなっていない。それが極端にゆがみだした最初の兆候は、11年3月11日の東日本大震災を引き金とする東京電力福島第一原発の爆発事故であると考えられる。これを契機に原発再稼働と原発ゼロを主張する論説が鋭く対立し、その背後にはこれまでの原発報道そのものに不信をいだく国民の厳しい目、さらに原発存廃をめぐる対立もあった。

次に亀裂を深めることになったのは、12年12月26日の第2次安倍政権の誕生に端を発する。安倍首相は集団的自衛権の解釈改憲をはじめとする安全保障政策の転換を強行に進め、日本の安保政策の根幹部分を塗りかえた。

この過程で安倍政権の政策に賛成する保守系メディアと、それに反対するリベラル系メディアが真っ向から対立した。保守系メディアは安倍政権に反対する住民運動をほとんど報じず、自らの主張を唱えつづけ、対立する言説に耳を貸さなかった。

そして、第3章で取り上げるが、14年の一連の「朝日新聞」問題が噴出すると、歴史認識をめぐり保守系2紙が朝日バッシングを激しく展開した。この問題については朝日側に反省する部分が多々あるが、決定的な分裂状態を招いた。この背景には、安倍首相の「歴史修正主義」的な動きがあり、保守系メディアがそれに呼応するということがあった。二極化する報道の延長線上に朝日叩きがあるとも考えられる。

政権側が立ち位置の近いメディアを選別して情報を流し、その結果として言論状況の二分化が促進されている点も大きい。かつて2000年前後に個人情報保護法案などメディア規制につながる法案が国会で審議されたときには、出版界もふくめ現在のような顕著なメディアの分裂状況はなかった。

産経新聞は戦後70年の節目の年にあたる15年元旦紙面の1面に論説委員長の論文を掲載。「とりわけ朝日新聞の慰安婦強制連行報道は世界に拡散し、日本の名誉を傷つける深刻な事態を招いた。メディアも覚悟と決意を持たなければならない」と年初から朝日批判を展開した。読売新聞も社説で「慰安婦の強制連行などいわれなき誤解を解く努力を続ける……」と、この問題にふれた。

「数の力」によって法案を強行採決していく、安倍政権の異論に耳を貸さない分断・対決型の政治の渦中で、保守系とリベラル系に分断する（される）報道をみていると、安倍政治が存続するかぎり、この状況に歯止めが掛からないのではないかとさえ思える。

しかしながら、複雑化した社会を二元論で語ることはもはや時代錯誤である。とりわけ12年12月の第2次安倍政権の発足以降、報道のあり方や論の立て方の再考がもとめられるようになった。しかし、いまは出口がみえずに混沌としている状況といえる。

このような言論状況を背景に新聞は作為、不作為のさまざまな嘘を報じ、世論をミスリードしているともいえる。以下、詳しくみていきたい。

## 首相との阿吽の呼吸

安倍晋三首相の憲法改正への意欲はなみなみならないものがある。悲願といってもいいだろう。

２００６年9月に第1次安倍政権が発足。07年の年頭記者会見で安倍首相は「今年は憲法施行60年。新しい時代にふさわしい憲法をつくる意思を明確にする。各党の協議を進める。憲法改正をぜひ私の内閣で目指していきたい」と明言し、改憲への思いを示した。しかしながら、閣僚の相次ぐ不祥事や自身の体調不良もあり、わずか1年で首相の座を放棄することになった。

その後、政権は自民党の福田康夫氏、麻生太郎氏へと引き継がれたが、党勢を回復できず、09年8月の衆院選で民主党に大敗。政権を明け渡すことになった。このとき産経新聞記者が「我々も自民党とともに下野する」といった言葉が印象に残る。

民主党政権が誕生。政権は鳩山由紀夫氏、菅直人氏、野田佳彦氏と三代つづいたが、その迷走ぶりは記憶に生々しい。現在、民主党の後継政党、民進党の支持率が伸びないのは、この後遺症がいまなお残っているからといえよう。

12年12月の衆院選で混迷を深める民主党を破り、自民党が圧勝、リベンジを果たすことになる。安倍氏が再登板し、第2次安倍政権が発足することになった。一度退陣した首相が返り咲くのは、戦後まもない時代に吉田茂氏がなしとげて以来だ。

安倍氏は衆院選後の記者会見でさっそく改憲にふれ、「国民の6～7割が憲法を変えたいと願っても、3分の1を超える国会議員が反対すれば、国民は指一本触れることができない。これはハードルが高すぎる。日本維新の会、みんなの党とは96条［改正］で一致できると思う」と述べた。

憲法96条は「衆参両院それぞれの総議員の3分の2以上の賛成で改正を発議し、国民投票で過半数が賛成すれば承認される」と規定している。これに対し、安倍首相は「3分の2」を「2分の1」に変えるべきと訴えたのである。

安倍氏はその後もしばしば「憲法96条の先行改正」に言及し、13年1月30日の衆院本会議においても96条を緩和する方向で改正する考えを表明。2月8日の衆院予算委員会では

「国民的な議論を深めていくことから始めていきたい」と呼びかけた。

読売新聞と産経新聞はこの安倍首相の主張に諸手を挙げて賛成した。たとえば、読売新聞は安倍首相に単独インタビューし、13年4月16日朝刊の1面トップで「憲法96条をまず見直そう」と打った。翌17日朝刊ではインタビューを詳報するとともに、政治面で「憲法考　改正の論点」とする連載を開始。さらに、社説においても安倍首相を全面的に支持した。このように読売新聞は2日間にわたり、インパクトの強い紙面をつくり、安倍氏の意に沿うかたちで96条の先行改正を訴えた。

産経新聞は4月14日朝刊の主張（社説）で、「〔改正案の〕国会への提出は改憲論議を深める有意義な方法である」と述べ、安倍首相に寄り添った。改憲を支持する保守系の両紙と、首相との間に阿吽《あうん》の呼吸のようなものがあるのが紙面から読み取れた。

ここで首相への単独インタビューについて説明しておきたい。第2次安倍政権が発足するまでは、首相は日本のメディアからの単独インタビューを受けず、共同記者会見をするのが内閣記者会の慣例だった。それが変更され、インタビューの時期や会見する新聞を、首相や首相官邸の判断で決めることになった。

つまり、都合よく新聞を選び、もっともタイミングのいい時期に自己の考えや思いを訴えるシステムをつくった。放送局に対しても同様にした。内閣記者会が二極化し足並みが乱れるなか、官邸はメディアを選別し、政策への的確な批判や疑問がないまま、自己の主張を国民に刷り込んでいくという巧みなメディア操作術を編みだしたのである。安倍政権が高い支持率を誇った背景には、首相官邸による単独インタビュー方式があるということも知ったうえで、新聞を読んだり、ニュース番組をみたりする必要がある。

## 「朝日新聞はどうなっているのか？」

安倍晋三首相が唱える憲法96条の先行改正について、引きつづき紙面を読み込むと、朝日新聞の不可解ともいえる報道に行き当たる。

前項で述べたように、改憲派の読売新聞と産経新聞は安倍首相に賛同する紙面を積極的につくった。一方で、護憲派の毎日新聞と東京新聞は反対する紙面づくりをしている。

たとえば、毎日新聞は先駆けるかたちで２０１３年4月9日夕刊の「特集ワイド」に、改憲派で知られる慶応大学の小林節教授（当時）の見方を掲載。「絶対ダメだよ。邪道。憲法の何たるかをまるで分かっちゃいない」「『やりたいことができないから』と改正ルールの緩和を言い出すなんて本末転倒、憲法の本質を無視した暴挙だよ。近代国家の否定だ」と、立憲主義の立場から96条の先行改正を一刀両断にした。９条改憲論者の大御所ともいえる学者が安倍首相に疑義を呈したものだから、多くの人たちが立ち止まることになった。

東京新聞は「憲法と、」と題した大型連載を4月19日朝刊から開始。東京新聞と読売新聞は相対する立場から憲法問題を取り上げることになった。

このように在京各紙が4月の段階から意欲的にそれぞれの主張を報道していたのに比べ、朝日新聞は5月2日まで、社説や専門記者のコラムなどでこの問題を取り上げてはいるが、大型の雑報記事や連載記事は皆無といっていいほど掲載せず、消極的な報道に終始した。一例を挙げれば、96条改正反対の議員連盟発足の記事は、東京新聞は4月18日朝刊の1面で、読売新聞も4月19日朝刊の政治面で大きく取り上げたが、朝日新聞は4面のベタ扱いで入念に紙面をみないかぎり見落としてしまいそうだった。

1面の雑報や連載記事で主張しない朝日新聞の紙面展開は実に不自然だった。朝日はなぜ沈黙したのだろうか。理由はよく分からないが、これは自然な新聞づくりに反するもので、作為的に沈黙したと考えられないか。この年は朝日新聞が慰安婦問題の記事取り消しを発表する前年で、安倍氏に近い政治家から朝日新聞社長ら編集幹部の参考人招致や証人喚問が取り沙汰されていたときと重なる。

朝日新聞は一転し、5月3日の憲法記念日を境に大量の一般記事や連載記事を掲載しだすことになる。しかし、在京各紙の報道は4月にピークを迎えており、大勢の流れができてからの報道となった。新聞各社が競うように記事を出稿しているときには沈黙し、動かなかった。このころ、「朝日新聞はどうなっているのか?」という質問を読者から何度も受けた。

結局、96条の先行改正は憲法学者らから「姑息」「邪道」などとの厳しい批判にあい、安倍首相は5月半ばに断念することになる。記事データベースで憲法96条の先行改正について検索すると、朝日新聞の報道量に遜色はない。しかし、重要なのはどの時点で報道したのかである。「報道したぞ」という、まるでアリバイづくりのような後出しの紙面展開だった。

## 安保法制をめぐるアベコベの紙面

2015年の通常国会で初の党首討論が5月20日におこなわれた。安倍晋三首相は15日に国会提出された新たな安全保障関連法案(15年9月19日未明に成立)をめぐり、民主党など野党3党首との論戦を繰り広げた。

安保関連法案の本格的な国会審議の前哨戦となる党首討論で、在京紙は民主党の岡田克也代表との討論を大きく取り上げた。朝日新聞につづき、読売新聞を読んだら、驚きのあまり絶句した。読売がふだん朝日が書くような記事を載せ、朝日が読売と間違えるような記事を掲載していた。

まるでアベコベである。読売がリベラルな紙面をつくり、朝日がその逆ともとれる紙面をつくっていた。題字をみずに記事だけを読めば、複数の新聞を読んでいる読者なら、読売の記事をみて、これは朝日の記事だなと思ったことだろう。安倍官邸と新聞のあいだにいったい何が起こったのだろうか。

両紙の５月21日朝刊をみてみよう。

１面は党首討論での発言内容をストレートに報じるもので、論評がなく差はあまりない。読売新聞は３面「スキャナー」の前文で「民主党の岡田代表は、……自衛隊が戦闘に巻き込まれるリスクなどについて首相を追及したが、首相は正面から答えないなど『安全運転』に終始。議論は深まらなかった」と総括した。

本文では「議論が深まらなかった」点ついて、「岡田氏は討論を通じ、安保関連法案が『海外での武力行使』を可能にすることを、首相に認めさせようとした」が、「首相は、『戦闘行為を目的として海外の領土や領海に入っていくことはない』と説明。……『機雷の除去というのは〝一般に〟ということの外に置いて何回も説明してきた』と付け加えるにとどめ、質問に正面から答えることを避けた」と伝えた。

また、岡田氏が「自衛隊が戦闘に巻き込まれるリスク」を「国民に説明すべきでは」と迫った点については、「首相は『そもそも物資を持って行くわけだから、これが奪われる蓋然性《がいぜんせい》が高いところに行くわけはない』とかわした」とした。さらに、岡田氏は「米国の戦争に巻き込まれるのではないか」ともただしたが、首相は「1960年の日米安保条約改定時を引き合いに出し、『巻き込まれ論はかつてもあったが、歴史が証明している』と論点をずらした」と報じた。

これらをみて分かるように、「正面から答えることを避けた」「……とかわした」「論点をずらした」と畳みかけ、「岡田氏は、記者団に『関係ないことを長々と話して時間をつぶすことは、一国の総理としてはどうかと思う』と語り、いらだちをあらわにした」という一文で記事を結んでいる。

主見出しも「安保論戦かわす首相」と一目瞭然のものにした。

読売新聞は安倍首相が進める集団的自衛権の行使容認を一貫してサポートしてきた。その読売がこれだけ否定的な文言を使って記事を書いているのである。にわかには信じられない紙面づくりである。

一方、党首討論を受けての朝日新聞5月21日朝刊「時時刻刻」の前文は「(民主党と維新の党の両代表は)慎重審議を求めて国会運営で民主など野党と共闘する姿勢をにじませた」とし、特に何も語っていない。

本文においても岡田代表と安倍首相の討論内容を忠実に再現し論評はしなかった。「首相と岡田氏の考え方の違いが際だった」とする一文が評価につながるものだったが、それ以上のことは書いていない。

そして、「自民党中堅議員からは『リスクが高まらないわけがない。誰だって分かっているが、正直に〝リスクが高まる〟と言ったら、何国会あっても足りなくなる』との『本音』も漏れた」とする議員の言葉で記事を結んだ。

議論している安保法制によって、自衛隊は集団的自衛権を行使する可能性があるのだから、いうように「リスクが高まらないわけがない」。安倍首相はリスクを負ってまで法制を変える理由や必要性を正々堂々と語るのが筋だろう。これが首相の説明責任で、国民を説得する必要がある。一般的にはこう考えるだろう。しかし、朝日新聞の記事のなかでは、このようなことはひと言もふれられていない。

主見出しも「自衛隊派遣　リスク論戦」と差し障りないものにし、何も語らなかった。これまでの流れから読売新聞がこのような記事を書いたのなら、うなずけないこともない。朝日新聞は何を遠慮しているのか、まったく腰が引けている。

さらに、「あれっ」と思った首相の答弁がある。米国の戦争に巻き込まれるか否かについて、岡田氏が首相の説明に「そういう断定的で粗雑なものの言い方で、国民の理解は深まらない」と批判したところ、安倍首相は「我々が提出する法案の説明は全く正しい。私は総理大臣ですから」とさらりといってのけた。

「総理大臣がいうことは、全く正しい」という理屈には、開いた口が塞がらなかった。

この発言についても朝日は取りあげていない。毎日が社説で「『われわれが提出する法律の説明はまったくただしい。私が総理大臣なんですから』と言う場面もあった。総じて、正面から議論に応じ、理解を求めようとする姿勢が乏しかったのではないか」とし、この部分にしっかりと反応していた。

朝日新聞の当時の安保法制報道は根本的に立て直す必要があった。

## 70年談話で首相と読売が緊張関係に

2015年は戦後70年にあたり、夏に発表される安倍談話の内容をめぐり、さまざまな見方が流れていた。

通常国会がはじまる前日の1月25日、安倍晋三首相はNHKの討論番組に出演。司会者の「植民地支配や侵略という文言を引き継ぐか」という質問に対し、「今まで重ねてきた文言を使うとかどうかではなく、安倍政権としてこの70年をどう考えるかという観点からだしたい」「今までのスタイルを下敷きとして書くことになれば、『使った言葉を使わなかった』『新しい言葉が入った』というこまごまとした議論になっていく」と述べた。さらに、「植民地支配と侵略」「痛切な反省」「心からのおわび」といったキーワードを新談話で同じように使うかという問いには、「そういうことはございません」と明言した。

討論番組に同席していた民主党の岡田克也代表は「植民地支配や侵略が『こまごま』としていたという首相の発言はまったく許せない」と強く反論した。連立先の公明党の山口那津男代表も「キーワードは極めて大きな意味を持っている」と批判している。

この首相発言を受けて、読売新聞は社説を掲載。「戦後50年の村山談話の表現にこだわらないととれる考えを示したのには疑問が残る。首相の真意は不明だが、野党は反発し、公明党も懸念を示した」（２０１５年１月27日朝刊）と疑問を呈した。さらに同紙は談話が発表される直前の社説においても「安倍談話は……『侵略』と『植民地支配』に対する心からのお詫びの気持ちが伝わる言葉を盛り込むべきである。あるいは、戦争で被害を受けた人々の心に響く、首相自身のお詫びの言葉を示すことだ」（２０１５年８月７日朝刊）とクギを刺している。

このように読売新聞はこの件においては安倍首相と一線を画し、一貫して侵略の事実を認めよと主張した。前項で述べた、読売の首相に対する批判的な記事は、安倍談話をめぐって両者に緊張関係があった時期の記事である。

## 客観的な事実が埋没

懸案の法案成立など重要なニュースがあれば、1面に大きな見出しが躍る。見出しのニュアンスによって、ずいぶんと見え方が変わってくる。

集団的自衛権の行使が容認される安全保障関連法案が2015年7月、衆院本会議で可決され、参院に送付された。参院で60日経過しても採決されない場合、衆院で出席議員の3分の2以上の賛成があれば再可決できる憲法59条の「60日ルール」が適用できる。このため戦後の歴史的な政策転換となる法案は、成立することが確実になった。

注目したいのは、「朝日、毎日、東京新聞」と「読売、産経、日経新聞」のそれぞれのグループの見出しの際だった違いだ。

たとえば、衆院特別委員会での与党単独による採決を伝える7月15日夕刊の1面の見出しをみると、朝日は「与党、採決を強行」、毎日は「安保法案可決与党強行」、東京は「反対民意の中 強行」といずれも「強行」という言葉を使っている。さらに3紙は「首相『理解進んでない』認める」(朝日、東京)、「首相『まだ国民理解ない』」(毎日)と、安倍晋三首相が15日午前の質疑で述べた否定的な文言を脇見出しにした。法案への国民の理解が進まないなか、与党が横暴に強行採決した様子が言外に伝わってくる。

これに対し、読売は「安保法案特別委可決／衆院あす通過　与党方針」、日経は「安保法案を可決／あすにも衆院通過」と淡々とした見出しを立てた。夕刊のない産経は16日朝刊でやはり「安保法案特別委で可決／きょう衆院通過へ」とした。「強行」という文字が使われていないので、粛々と採決されていったという印象だ。

両グループのスタンスの違いが鮮やかだが、果たしてどちらの見出しの記述が事実であるのだろうか。

安保関連法案の衆院通過を伝える7月17日朝刊1面の前文の書きぶりを比べてみる。

読売は「法案は今国会で成立することが確実になった」、産経は「同月27日までの今国会で成立が確実となった」、日経は「9月27日までの今国会中の成立の公算が大きくなる」とし、成立が「確実」になったことを伝えている。

これに対し、朝日は前文にも本文にも「衆院を通過した」としか報じていない。毎日は「9月27日までの今国会中に成立させる考えだ」としたうえで、「与党9月成立へ強行」という見出しをつけて「強行」を強調した。東京は「今国会で成立させる姿勢を強めた」としていた。

安保関連法案に反対する3紙の記事は、先述したように憲法59条の「60日ルール」によって「成立が確実となった」にもかかわらず、そのようには書いていない。朝日にいたっては「60日ルール」のことは書いているものの、「成立」という言葉はどこにも見当たらない。

とりわけ朝日が「成立」という文言をいっさい使わなかったのは、なぜだろうか。「諦めるな」という強いメッセージを発したかったのか。

主義主張はともかく、成立するのが確実ならば、1面の本記には事実関係を伝えるデータを入れるのが自然なように思える。客観的な事実が埋没し、読者が勘違いする恐れがある。「諦めるな」と訴えたいのなら、社説や解説、論評のなかで主張すべきでないか。

## 複数の新聞を読み比べる

以上のように新聞を読むときは、まずこれから読むニュースがどのような扱いなのかをみる。同じニュースであっても、ある新聞は1面トップにし、別の新聞は社会面のベタ記事にする場合がある。ものによっては、ある新聞はいっさい載せないこともある。これはニュースの価値判断の違いなので、その新聞がどこに価値を置いているのかによる。

次いで見出しをみる。見出しにとられた言葉は、しばしばそのニュースのキーワードとなる。見出しが新聞によって違うことはよくあることだ。それぞれの新聞の考え方や見方が暗に伝わってくる。

扱いと見出しを確認したうえで、記事を読みはじめる。新聞は自らの立ち位置や主張に合わせて入手した事実に社会的な文脈を与えていくため、評価が違ってくることがある。場合によれば逆の結論になることさえある。新聞を1紙だけ読み、その内容を鵜呑みにして信じることは、その新聞の価値観や世界観、歴史認識などと歩調を合わすことになる。

それがたまたま自身の考えや思想と合っていれば問題ないかもしれないが、別の新聞の見方の方が自身の考えとしっくりいくのなら、それは不幸である。しかしながら、すべての事項にわたり、自身とある新聞とが同一の考えというのはあまりないのではないか。

私の経験では、違った主張をする新聞を最低2紙、できれば3紙を比較して読むことを薦める。たとえば、朝日新聞と読売新聞、毎日新聞と産経新聞といったようにリベラル系と保守系新聞を読み比べる。3紙なら、そこに日経新聞か東京新聞を加える。東京に住んでいない人は、地元紙を加えてもいい。

2紙、3紙と購読したら経済的に負担になるので、1紙だけ購読し、後はネットか図書館で読み比べるという手もある。とりわけ興味のあるテーマなら、図書館などでもっと多くの新聞を読み比べてもいい。私の場合は仕事でもあるので、在京6紙を定期購読し、必要に応じて地方紙を記事データベースやネットで読んでいる。

比較して読むことで、見方の違いや使われているデータの違いが分かり、より立体的に理解することができる。そして、そのテーマについて考えていくことで自身の考え方がかたちづくられていく。場合によれば、この新聞の解釈は怪しいな、間違っているのではないか、ということまで分かるようになる。

## 安倍談話に対する問答無用の批判記事

戦後70年の安倍談話が2015年8月14日に閣議決定された。国内はもちろんのこと、中国や韓国をはじめ欧米からも注目されていた。

「侵略」「植民地支配」「痛切な反省」「心からのおわび」といった戦後50年の村山談話、60年の小泉談話に盛り込まれてきたキーワードについて主語や対象を曖昧にするかたちでふれた。一方、「あの戦争には何ら関わりのない、私たちの子や孫、そしてその先の世代の子どもたちに、謝罪を続ける宿命を負わせてはなりません」と述べ、謝罪の繰り返しに終止符を打ちたい考えを示した。

安倍晋三首相は閣議後、首相官邸で記者会見し、約3400字におよぶ談話を25分間にわたって読みあげた。村山談話、小泉談話ともに1200字前後だったので、その3倍近くの長さになった。

この談話の特徴は、①「植民地支配」「侵略」など4キーワードに言及したものの、歴代内閣の方針を引用する間接表現で、「私は」という直接的な表現は使わなかった、②日本の過去に対する謝罪を安倍談話によって「ひと区切り」としたいという認識を示した、③「耐え難い苦痛を受けた〔各国の〕元捕虜」「苦痛を嘗め尽くした中国人」「尊厳や名誉が深く傷つけられた女性」に対して言及した——という点だろう。

8月15日朝刊のトップ記事として特大の扱いで報じられた。安倍談話への評価は察しがつくように「読売、産経、日経新聞」が肯定的に、「朝日、毎日、東京新聞」が否定的に伝えた。

安倍首相は「〔過去の談話と〕同じ言葉を入れるなら談話を出す必要はない」と繰り返し、「70年談話は70年談話として新たに出したい」とまで踏み込んだ発言をしていた。しかし、できあがったものは保守にもリベラルにも気を使った、チャンポンのような談話になったといえる。こうなった背景を探るインサイドストーリーで読み応えがあったのは、日経新聞8月15日朝刊「持論抑え『おわび』加筆」だった。

「首相は『今回は好きなようにやりたい。何にも縛られたくない』とも語った。首相の思いを存分に反映する、との狙いで6月に事務方が首相に『閣議決定も〝おわび〟〝侵略〟もなし』と提案し、具体化に動き始めた」

ところが、憲法学者の違憲発言や自民党若手議員の勉強会での報道機関への威圧発言など政権に逆風が吹きはじめ、「公明党を巻き込む閣議決定に傾いていった」という。結果、公明党の意向を受け入れるかたちで「侵略」などのキーワードが盛り込まれた。「談話の作成に携わった一人は『首相は本音は納得していないんじゃないか』との見方を示す。首相を支持する保守派には、妥協に不満もくすぶっている」と読み解いた。

読売新聞8月16日朝刊の連載「戦後70年安倍談話㊤」は、「内容を知った高市総務相は、首相に『〝おわび〟が入っているじゃないですか』と驚いたように語った。首相はこう切り返した。『俺がやれるのは、ここまでが精いっぱいだ』」と、首相の内面がのぞく、やりとりの妙を見事に描いていた。

8月15日朝刊では、在京6紙がすべて社説を書いた。ただ、気になったのは、朝日の社説が全否定といってもいいぐらいの強いトーンで安倍談話を批判した点だ。「戦後70年の安倍談話／何のために出したのか」と題する朝日社説は「いったい何のための、誰のための談話なのか」と書き出し、「いったい何のための、誰のための政治なのか。本末転倒も極まれりである。その責めは、首相自身が負わねばならない」と締めくくっている。

問答無用といわんばかりの単色の批判記事となっていた。よくいってくれたと溜飲を下げた読者もいたかもしれないが、こうした書きぶりに違和感をもった読者も少なくないのではないか。

## 自由に編集できる識者談話は曲者

各紙とも多くの識者に安倍談話の評価を尋ね、コメントを載せた。

たとえば、2015年8月15日朝刊で朝日、読売、日経新聞の3紙が、慶応大学の細谷雄一教授のコメントを掲載した。安倍談話に関する報告書をだした有識者会議「21世紀構想懇談会」のメンバーでもある。

「歴史認識をめぐり国内で続いてきた左右対立に終止符を打ち、国民的なコンセンサス（合意）の出発点になると評価できる」（朝日新聞）、「満州事変、植民地化、侵略に対する国際的な理解と基本的な認識が整合しており、国際的にも評価されると思う」（日経新聞）などとし、主語が不鮮明である点については指摘していない。

朝日、読売、毎日新聞の3紙が、東京大学名誉教授の三谷太一郎氏のコメントを掲載。三谷氏は、国際政治学者や歴史家ら74人が侵略などを反省した過去の首相談話を継承するよう求める共同声明をだした際の発起人代表を務めている。

「『おわび』に触れる以上、植民地支配によって蹂躙した人権に対するおわびの表明があってしかるべきだが、そうした表明がなかった。また、『侵略』や『植民地支配』についいても、対象と主体を表す表現が欠けている」（読売新聞）と厳しく批判する一方、「戦時下、女性の尊厳や名誉が傷つけられた問題の記述、女性の人権を重視するという部分は評価できる」（毎日新聞）とした。

読売と毎日は三谷氏のコメントから評価できる点とできない点の両方を書いていた。一方、朝日は否定的な部分にのみフォーカスをあてていた。文末の一文も「終始、冗長で毒にも薬にもならない談話になった」と罵声を浴びせるかのように結んだ。

安倍談話をめぐる社説の論調にしても、三谷氏の談話にしても朝日の批判的な書き方が突出していた。朝日、読売、毎日のどの書きぶりが、三谷氏の見方を的確に伝えているのだろうか。

日経と読売のインサイドストーリーがよかったと前項で例に挙げた。朝日の記事を読んでいても官邸や自民党内部で起こっていることが伝わってこない。もちろん、どの新聞を読んでもすべてが分かるわけではないが、なるほどと思える舞台裏の描写はあるものだ。「朝日記者には何もしゃべるな」と箝口令《かんこうれい》が敷かれているかのようである。

これは政権・与党と朝日の対立関係を象徴しているようにも思える。ただ、情報が取れないいらだちが、必要以上に安倍政権を攻撃する紙面につながっているのなら、それは不毛だ。スタンスによって論調が変わってくるのは当然だ。そうであってもそれぞれの立場から公正で妥当な書きぶりというのはあると思う。

以上のように、新聞は複雑な問題や専門性の高いテーマについて識者談話を掲載する。専門家がある出来事について、どういう意味や背景があるのかを説明し、なるほどと思えることがよくある。複数の識者談話が載せられ、それぞれが違った見方をしていれば比較できるので、なおいい。一方で、その新聞の考え方に沿った談話しか掲載されない場合もある。

この項で紹介したように、同じ専門家の談話であっても、どの発言部分を使うかによっても変わってくる。話したことをすべて書く必要はなく、自由に編集できるので、恣意的に操作することもできる。識者談話というのは曲者である。参考になる半面、一定の見方に鋳型を嵌められる場合があるので、要注意だ。

## 首相の改憲発言に真逆の見方

安倍晋三首相は2016年3月2日の参院予算委員会で、憲法改正について「私の在任中になしとげたい」と踏み込んだ発言をした。この安倍首相の「任期中に改憲」発言について、在京紙は3月3日朝刊でいっせいに報じた。

首相は1日の衆院予算委員会でも「『3分の2』が可能となったもの〔項目〕から憲法

改正に取り組んでいきたい」と述べ、これに対して民主党議員が「お試し改憲だ」と詰め寄ると、首相は「お試し改憲というのはまさにレッテル貼りだ。われわれは憲法改正草案を示している。できるものからというのは当たり前だ」と気色ばんでいる。

朝日新聞だけがこのやりとりに反応し、3月1日夕刊で「改憲『2／3できる項目から』」との見出しで一報し、2日朝刊で「改憲への道首相着々」と続報していた。

16年度予算案の年度内成立が確実となったタイミングでの改憲発言で、衆参ダブル選も視野に入るなか、選挙結果によれば「いまの憲法がつくってきた国のありようが変わる可能性がある」との視点からの見通しのいい記事だった。

案の定、朝日の2日朝刊が配達されたその日の参院予算委で、首相が「任期中の改憲」を明言することになった。民主党議員の繰り返しての質問の影響もあるが、産経新聞は首相の踏み込んだ発言について「『想定問答に入ってなかった』（官邸筋）という狙い澄ました〝アドリブ〟答弁だった」（3月3日朝刊）としている。

産経は同じ記事で「〔首相の改憲発言は〕国民的な機運が熟すように関心を喚起する狙いがある。しかも、夏の参院選を前に党内に広がる慎重論にクギを刺すとともに、憲法改正に関するスタンスが定まらない民主党を牽制したようで、『〝衆参同日選〟を視野に入れた発言』（与党筋）との観測も広がっている」と首相の胸の内を推し量った。

首相発言の波紋を伝える日経新聞3月4日朝刊の「憲法改正争点化　与党からも懸念」とする記事からは、微妙な空気がよく伝わってきた。公明党の漆原良夫中央幹事会会長は「バラバラの野党に結集軸を与え、利用されることになりはしないかと心配している」と記者会見で述べ、首相側近の自民党の稲田朋美政調会長でさえ、「党総裁が憲法改正を目指すのは当然」としながらも「議論を特定の（憲法の）条文について深めるまでには至っていない」との考えを示したとする。

「任期中に改憲」発言に対する見方はさまざまだが、これが首相の偽らざる思いであることは確かではないか。

読売と産経、朝日新聞の3紙が3月4日朝刊で、社説を構えた。

読売は「公明党には、『唐突な感じがする』との戸惑いの声もある。／だが、首相が敢《あ》えて改正の目標時期を区切ることで、参院選の主要な争点に据え、国会論議の活性化を図ったことを評価したい」と賛意を示した。

産経は「首相は改正の実現を『歴史的使命』と位置づけてきた。その期限を区切ったのは評価できる」としたうえで、「首相周辺や与党はいかにも及び腰だ」「参院選の争点にすることは得策ではないと思っているとしたら、情けない」と懸念を示す与党を叱りつけているのが印象的だ。さらに「このままでは、首相の積極姿勢が、参院選に向け、支持基盤の保守層の歓心を買うためのポーズになってしまう。『羊頭狗肉』は首相の本意ではあるまい」とだめ押しをした。

読売、産経ともに「目標期限を区切った」ことを評価している。

朝日は「憲法への首相の態度にはあべこべがある」「『とにかく変える』ことが何よりも先だというなら、順序が逆さまだ。／一方、首相は改憲への意欲に比べ、憲法を守ることにはこだわりがないようだ。もうひとつのあべこべである」と「あべこべ」を厳しく批判し、「憲法を軽んじる姿勢が、中身はともかく改憲をという態度につながっているのではないか。／安倍首相は憲法によって縛られる側にいる。憲法は、権力者たるあなたのものではない」と切って捨てた。

朝日は読売、産経とは真逆の見方を示している。それぞれの新聞が改憲に対する自らのスタンスにそって論評しているので、見方が鮮やかに分かれる。どちらが、「あべこべ」なのか。違った見方があることを念頭に、批判的に読んでいくことが求められる。

## 「不正確」な選挙報道をした朝日の失態

次に挙げるのは、見たくない現実を、聞きたくない声を、見ずに聞かずに誤報といってもいい報道をした例だ。参院選という重要な選挙報道にもかかわらず、1紙だけが違った見出しを取り、読者を翻弄した。

第24回参院選が2016年7月10日に投開票された。安倍晋三首相（自民党総裁）がめざす憲法改正に前向きな自民、公明両党とおおさか維新の会などの改憲勢力が、「改憲発議」に必要な全議席の3分の2（非改選と合わせて162議席）を超える74議席以上を確保した。

衆院はすでに与党だけで3分の2を超えており、衆参両院で憲法改正案の発議ができる改憲勢力が形成された。これによって戦後一度もおこなわれなかった改憲への制度上の環境がはじめて整ったことになる。

この歴史的な選挙の結果は7月11日朝刊で報じられた。朝日新聞をのぞく在京紙は「改憲勢力3分の2超す」（毎日）、「改憲勢力3分の2」（日経、東京）、「改憲3分の2、発議可能に」（産経）と1面に大きな主見出しを取った。読売は脇見出しに「改憲派2／3超す」とした。

これらに対し、朝日新聞は「改憲4党　3分の2に迫る」との主見出しだった。早朝に新聞をみた私は、腰が抜けるほど驚いた。どの新聞も「改憲勢力（派）」が「3分の2」としているのに、朝日だけが「改憲4党」が「3分の2に迫る」と気の抜けたような紙面をつくっているのである。

改憲発議ができる「3分の2」と「3分の2に迫る」では、事実関係も違うではないか。もう一度よく見出しをみると、朝日は「改憲4党」とし、それ以外の新聞は「改憲勢力(派)」としている。「改憲4党」は与党の自民、公明両党に加え、野党のおおさか維新の会と日本のこころを大切にする党の4党のことで、ここでいう「改憲勢力(派)」とは、改憲4党のほかに、改憲に前向きな無所属議員を入れたものである。

安倍首相は選挙期間中の街頭演説で改憲について一度も言及しなかったが、実質的に改憲が大きな争点の一つとなった。朝日新聞は繰り返し、安倍首相は争点隠しをしていると訴えてきたではないか。その朝日がどうして「不正確」で腰の引けた見出しを取ったり、記事を書いたりしたのだろうか。

朝日は公示日前の6月17日朝刊で、他紙に先んじて「非改選の無所属議員の中に、安倍政権が掲げる憲法改正に前向きな参院議員が少なくとも4人いるほか、改憲への考えを明らかにしていない議員がいる。仮に4党で78議席に達しない場合でも、こうした議員の動向次第で、最終的に改憲への発議に進む可能性はある」と指摘する、見通しのいい記事を書いていた。にもかかわらず、開票結果を受けての紙面は、非改選の無所属議員の存在を消すかのような紙面にした。

くだんの7月11日朝刊の1面をよく読むと「改憲に積極的な姿勢を見せる無所属議員が

少なくとも4人いる。合計すると、発議に必要な3分の2以上の162議席に達する」と、埋没するようなかたちだが書かれている。では、どうして「改憲4党」に拘泥する必要があったのか。

朝日は7月7日朝刊に参院選の終盤情勢の調査結果を載せ、「改憲4党 2／3に迫る」との見出しを取っており、これを踏襲するかたちだ。この見出しで予定稿をつくり、ナマの選挙展開に対し、記事と見出しを差し替えていくという作業が的確になされなかったのではないか。意図的にこのような見出しや記事にしたとしたら、報道機関として問題だ。

朝日の前文には「改憲勢力」「3分の2」という言葉がなく、それどころか「4党で、国会が憲法改正を発議するのに必要な3分の2の議席に迫った」とある。この記事は間違いではないが、肝が書かれておらずミスリードするものだ。これに対し、毎日、産経、日経、東京は前文に「憲法改正に前向きな勢力は、非改選と合わせて改憲の発議に必要な全議席の3分の2を超えた」（日経）と明示している。

他紙は開票結果に即して記事を差し替えていったが、朝日はそうはしなかった。ドタバタのなかで、記事を書き直すという作業はともすればミスを犯すリスクがともなう。しかし、これは日常的な新聞の作業なので、リスク回避の保身に走ったとは考えにくい。トンチン意図的にこのような報道機関として大失敗の記事にすることも考えにくいし、カンなリスク回避でもないとしたら、終盤情勢の調査結果を受けての予定稿から、ナマの選挙展開にスムーズに対応できない、思考停止あるいは思考硬直の状態に陥ったのではないかと推察できる。しかしながら、ほかの新聞がすべて要点をきちんと押さえているのに、このような重要な局面で朝日だけができないというのは、不可解である。

開票結果を待たずに「当打《とうう》ち」していくという作業は、朝日新聞がいつもながら一番すぐれていた。これは状況を見極めるという点で、朝日にアドバンテージがあったわけだ。にもかかわらず、7月11日朝刊の失態は目を覆うばかりである。認めたくない事実を見たくないという心理が働いたのかもしれない。

だが、それは読者にとってはいい迷惑だ。「3分の2に迫る」という大見出しをみた朝日の読者は誤解したに違いない。欠陥商品ともいえる記事だが、よほど注意して見出しを読み、本文に目を通さなければ、自分だけが置いてきぼりになるという事例だ。

## 産経はエンジンを吹かし、読売は抑制的に

安倍晋三首相は2016年7月10日夜、自民党本部でテレビ各局の番組に出演し、ストップしていた衆参両院の憲法審査会を動かし、改憲議論をしていくと表明した。戦後初めてといえる憲法改正への舞台装置が整ってきたことになる。

やはりここで朝日新聞の紙面で気になったのは、7月11日朝刊の2面に「参院選後の流れ」とする一覧を掲載、疑問符をつけながらも18年1月に「3分の2以上の賛成で憲法改正案を発議」し、その後「国民投票」が実施されるというシナリオを提示していたことだ。

前項で指摘したように、1面に「3分の2に迫る」という気の抜けた見出しを取っているのとは裏腹に、改憲のシナリオを2面で示すのは、あまりにも気が早くないか。もし危機を読者に伝えるためにつくったというなら、1面の記事はどういうことか。改憲に反対なのか賛成なのか、判定しづらい紙面構成である。

朝日新聞が1面で要点をはずし、2面で先走りともいえる紙面をつくるなかで、読売新聞の7月11日朝刊の展開が目を引いた。1面の主見出しは「与党大勝　改選過半数」とし、脇見出しで「改憲派2／3超す」とした。前文には「改憲派」「3分の2」という文言は入っていない。

1面の政治部長の署名記事でも「憲法」「改憲」にはいっさいふれられていない。安倍首相が憲法論議に封印をしたことを受けてか、読売は選挙期間中を通じて憲法にかかわる記事はきわめて抑制的に扱ってきた。社説においても文末で「憲法改正の項目絞ろう」との小見出しを取って言及、「まずは衆参両院の憲法審査会で、改正テーマの絞り込みの議論を冷静に深めることが重要である」と、抑えた筆致でふれたにすぎなかった。

読売新聞7月16日朝刊のコラム「補助線」での小田尚論説主幹の主張は、これまでの読売の選挙報道を暗に解説するもので興味深い。「衆参両院で3分の2という壁を越えた意味は小さくないが、これで憲法改正へ政治的にもとんとんと進むわけではない」とし、「国民投票で過半数を得るには、民進党と合意できる案が望ましいとの声は、与党内にも多い」と、安倍首相に急ぐなとクギを刺した。

質問者に悪態を吐《つ》くなどして国会や国民を分断し、重要法案を「数の力」で強行成立させていく、首相の政治手法に危機感を抱いているかのようだ。「民進党と合意できる案が望ましい」との指摘は、意味深長だ。憲法改正の是非を問う国民投票をして、改憲派が敗れるようなら、再び改憲発議をすることはきわめて困難になろう。

産経が1面の政治部長の署名記事で「憲法審査会では9条を避けずに早急に議論すべきだ」とエンジンを吹かせたのにうなずく一方で、読売の抑制的な書きぶりが気になった。

## 首相の狡猾なメディア選別戦略

憲法改正をめぐっての読売新聞の報道をさらにみてみる。

憲法記念日の２０１７年5月3日の朝刊をみて、「なるほど、こう来たか」と思った。

首相動静欄をみていると、安倍晋三首相は4月24日夜、東京・飯田橋のホテルグランドパレス内の日本料理店で読売新聞グループ本社主筆の渡辺恒雄氏と会食していた。他のマスコミ関係者は同席していないようなので、改憲がらみで「何か、仕掛けてくるのではないか」と推察できた。

案の定、読売は施行70周年を迎える憲法をテーマに安倍首相に単独インタビューし、その内容を5月3日朝刊の1面トップで伝えた。「憲法改正　20年施行目標／9条に自衛隊明記／教育無償化　前向き」との見出しの、インパクトのあるものだ。それに呼応するように社説「自公維で3年後の改正目指せ／『本丸』に着手するなら戦略的に」を構え、4面にインタビュー全文を載せるとともに、3個面にわたる特別面を制作、改憲の論点や識者談話を掲載した。

自民党総裁として憲法改正を実現し、東京五輪が開かれる20年の施行をめざすと表明。改憲項目として戦争放棄を定めた憲法9条1項、2項は維持したうえで、自衛隊の存在を明記した条文を追加することと、高等教育の無償化を定めた条文を新設するとした。

安倍首相は渡辺主筆と食事した、その2日後の26日、東日本大震災をめぐる問題発言をした今村雅弘・復興相を更迭し、前木理一郎・政治部長のインタビューに応じた。自らの主張を最大限にアピールしてくれる大部数の新聞を選び、首相が最重要ともいえる国政上の問題について独演する。そもそもが、おかしくはないか。権力とメディアの距離が厳しく問われる場面だ。

安倍首相は5月3日に開かれた、新憲法制定をめざす運動団体「日本会議」が主導する「美しい日本の憲法をつくる国民の会」などの改憲派集会にもビデオメッセージを寄せ、「2020年を新しい憲法が施行される年にしたい」と語った。読売新聞のインタビューとほぼ同じ内容だ。

首相は5月8日の衆院予算委員会で民進党の長妻昭氏に憲法改正発言の真意を問われ、「自民党総裁としての考えは読売新聞に相当詳しく書いてある。ぜひ熟読してほしい」と答えた。説明を求められ、「新聞を読んでくれ」とは前代未聞の答弁ではないか。くだんの新聞は、よほど正確に安倍首相の主張を代弁しているということか。「あれは党総裁としての発言。国会は首相として答弁する場」というはぐらかしも通用しない。

慶応大学教授の鈴木秀美氏（憲法、メディア法）は「批判的な質問を受けずに済む方法を選んでおり、メディアを選別した非民主的な手法だ。自民党総裁として党本部などで記者会見し、質疑応答の中で真意を明らかにすべきで、首相の発言とともに各メディアの分析や批判も報じられるのがあるべき姿だ」（毎日新聞5月12日朝刊）と批判する。

元テレビ朝日記者で『放送レポート』編集長の岩崎貞明氏は「現行憲法をどう考えるかを問うことから始めるべきなのに、改憲が前提の質問になってしまっている。いまの憲法にどんな問題があるかという視点に欠けており、変えることが双方にとって自己目的化しているのではないか」（同）と疑問を呈する。

改憲に関して首相と読売新聞がぶち上げたのは、これが初めてではない。先述したように首相に単独会見した読売は13年４月16日朝刊で、「憲法96条をまず見直そう」という首相の主張を押しだしている。

当初は、時期はともかく単独会見の機会は平等にということであったが、いまではそれさえも崩れている状態だ。首相や閣僚級への単独インタビュー記事は、より目を凝らして読む必要がある。

## 読売の「出会い系バー通い」報道

読売新聞は、前川喜平・前文部科学省事務次官の出会い系バー通いを特報し、前項で述べたように憲法記念日の紙面では安倍晋三首相に単独インタビューし憲法改正発言を伝えた。こうした読売の報道姿勢が厳しく問われることになった。

同紙は５月22日朝刊の１社面に「前川前次官出会い系バー通い／文科省在職中、平日夜」との３段見出しを取り、文科相の再就職あっせん問題で引責辞任した前川氏が在職中、東京都新宿区歌舞伎町の出会い系バーに頻繁に出入りしていたと報道。「教育行政のトップとして不適切な行動に対し、批判が上がりそうだ」とした。

安倍首相の友人が理事長を務める学校法人「加計《かけ》学園」(岡山市)の獣医学部新設をめぐり、「総理のご意向」と書かれた文書の存在が表面化(朝日が5月17日朝刊で特報)した直後というタイミングで記事が書かれており、キーマンの告発を恐れる首相官邸のリーク説がささやかれた。案の定、前川氏は読売報道後、朝日新聞(5月25日朝刊)と『週刊文春』のインタビューに応じ、「文書は存在している」と証言した。

この間、菅義偉官房長官は前川氏への個人攻撃を繰り返した。再就職あっせん問題では「当初は責任者として自ら辞める意向をまったく示さず、地位に恋々としがみついた」とし、出会い系バー通いについては「調査のために出入りし、女性に小遣いを渡したということには強い違和感を覚えた」と断じた。

菅氏のこうした攻撃ぶりもあり、官邸が前川氏のイメージダウンをはかるために読売にリークし、読売も阿吽の呼吸でそれに乗ったとの憶測を呼ぶことになった。しかしながら、加計学園問題の本質は、獣医学部新設に際し政治的な関与があったのかどうかという点だ。前川氏の出会い系バー通いは枝葉の話で、目くらましのような問題のすり替えでしかない。

このようななか、読売は6月3日朝刊の2社面に社会部長名で「出会い系バー通い」報道について、「不公正な報道であるかのような批判が出ている。……こうした批判は全く当たらない」としたうえで、「我が国の教育行政のトップという公人中の公人の行為として見過ごすことが出来ないのは当然だろう」「次官在職中の職務に関わる不適切な行動についての報道は、公共の関心事であり、公益目的にもかなうものだと考える」と説明した。

この読売新聞の記事に対し、東京新聞と毎日新聞が6月8日朝刊で強く反応し、疑問を呈する識者の声を伝えた。

元検事でコンプライアンスに詳しい弁護士の郷原信郎氏は「記事には前川氏が『女性と交渉し、連れ立って店外に出た』とある。文脈からはあたかも売春や援助交際の交渉と読めるが、裏付ける事実は書いていない。印象操作どころか捏造に近い」と指摘。さらに「主に記者の資質が問われたこれまでのメディアの不祥事と、今回の報道は全く別の類いの話。こんな危うい記事の掲載が組織ぐるみで行われたとしたら、新聞史上最悪の不祥事だ。国家権力に加担する巨大新聞の存在は恐ろしい」（東京新聞）と手厳しく批判した。

元読売新聞大阪本社社会部記者でジャーナリストの大谷昭宏氏は「読売は東京、大阪、西部の各本社で新聞を発行しているが、今回の記事は同じ大きさ、見出し、位置で伝えており、『ワケアリ』なのは一目瞭然だ。上層部から絶対に載せるよう指示されたのだろう」（同）と推測する。

また、大谷氏は「社会部長は『公共性・公益性があった』と説明するが、新聞記事はすべてが公共性・公益性があると考えて書かれるものであるはずだ。記事は批判されることも、おほめをいただくこともあるが、そのたびに説明する記事を書くだろうか。このような反論記事は新聞の自殺行為だ」（毎日新聞）と訴えた。

改憲をめぐる首相発言を5月3日朝刊に載せた読売新聞は、これについても5月13日朝刊の2面に東京本社編集局長名で記事を掲載。安倍首相のインタビュー記事が、「読売新聞を熟読してほしい」との「首相の国会発言をきっかけに議論を呼んでいる」とし、同紙の報道姿勢について説明した。

「安倍首相が、憲法改正についてどのような考えを持っているのかを直接取材し、広く伝えることは、国民の関心に応えることであり、本紙の大きな使命であると考えた」「首相は単独インタビューではなく、記者会見の場で語るべきだという意見も一部にあるようだが、新聞記者としては違和感を抱く。取材は単独で行うことが原則である。問題意識を持って独材を追いかける熱意が、さまざまな事実を掘り起こし、報道の質と信頼を高めていく」と唱えた。

しかし、ここで問われているのは、「権力とメディアの距離」、換言すれば「安倍政権と読売新聞の距離」の問題である。これについてはひと言もふれられていないので、十分な説明になっていない。

上智大学教授の田島泰彦氏（メディア法）は「新聞がどう論陣を張るかは自由だが、政権と一体化して前川氏を個人攻撃したり、首相インタビューを無批判に載せて宣伝すれば、『御用新聞』『大本営発表』と言われて当然だ。今の読売は許される一線を越え、報道機関の資格を欠いている」（東京新聞）と指摘。前出の大谷氏は「権力者に熟読せよなんて言われたら、撤回を求める気概がほしい。……記者は、抵抗しないとだめだ。こんなことで、読者に顔向けできますか」（同）と叱責した。

5月、6月と立てつづけに2回も釈明ともとれる記事を掲載した、読売新聞の報道姿勢をどう考えるべきか。

## 切羽詰まったテレビの選挙報道

ここで参考にテレビのニュース番組についても考えたい。安倍晋三政権や与党である自民党は放送局に対し、どのような姿勢でのぞみ、放送局側はどう対応しているのだろうか。民放各局は、テレビ朝日＝朝日新聞▽日本テレビ＝読売新聞▽TBSテレビ＝毎日新聞▽フジテレビ＝産経新聞▽テレビ東京＝日経新聞――といったように新聞社との系列関係にある。人的交流があり、株を持ち合うなど資本も入っているので、それぞれの新聞の論調と放送局のニュース内容が似通っているのは珍しくない。民放のほかに公共放送（最近は「公共メディア」という言い方をしている）のＮＨＫがあるが、予算規模が民放に比べて莫大で職員の数も多い。

ＮＨＫと日本民間放送連盟による第三者機関「放送倫理・番組向上機構（ＢＰＯ）」の放送倫理検証委員会（委員長・川端和治弁護士）は２０１７年2月、「２０１６年の選挙をめぐるテレビ放送についての意見」と題した意見書を公表した。16年夏の参院選と東京都知事選を取り上げた主な番組を視聴・検証したうえで、テレビの選挙報道全般に関して意見が述べられた。ＢＰＯが個別の番組ではなく、選挙報道全般に対し考えを示したのは初めてのことだ。

16年は選挙権年齢が18歳に引き下げられた節目の年だった。さらに二つの県を一つの選挙区にする「合区」を初めて導入した参院選が実施され、東京都では政治資金の公私混同疑惑で辞職した舛添要一前知事の後任を決める注目の都知事選があった。

これらの選挙をめぐるテレビ放送について新聞が批判的に報じるとともに、ＢＰＯにも視聴者から多数の意見が寄せられた。参院選については前回の選挙に比べて放送量が少なく、投票する際の判断材料を十分に伝えきれていないというものだ。ちなみに朝日新聞２０１６年8月2日朝刊によると、13年の前回の参院選に比べて16％、10年の前々回の参院選に比べて37％も減少したという。

一方、都知事選は報道番組だけではなく情報やバラエティー番組でも取りあげられ、全体の放送量は多かったが、特定の３候補（鳥越俊太郎氏、増田寛也氏、小池百合子氏）の発言や動向をクローズアップする劇場型選挙になったというものだった。このためＢＰＯの検証委員会が16年11月から審議していた。

意見書はまず放送法について言及。「政治的に公平であること」などを規定した放送法第４条の番組編集準則について「法規範ではなく、あくまで放送事業者が自律的に番組内容を編集する際のあるべき基準、すなわち『倫理規範』」であると改めて指摘。政府がこの準則に違反するとして行政処分をしたり制裁をしたりする根拠にはならないとの見方を示した。

政府はこの準則を「法規範」と解しており、ここに大きなギャップがある。意見書は「法規範」だとすれば「放送現場が萎縮する」とし、「表現行為を自粛し自ら制限するという影響（萎縮効果）を生じる法律は、それ自体が憲法の表現の自由の保障に反して無効だ」と明言した。

さらに公選法においても選挙に関する報道と評論は「事実に基づくものである限り番組編集の自由がある」と確認。求められているのは候補者の出演回数や発言時間、質問テーマや批判の程度などを均等にする「量的公平性（形式的公平性）」への配慮ではなく、取材で知り得た事実を偏りなく報道し、明確な論拠に基づく評論をするという「質的公平性（実質的公平性）」であると説明。「どのようなテーマをどのような切り口で取り上げ、誰を出演させるかは、質的公平性を考慮した上で放送局自身が自由に決めることである」とした。

一方で上記のような観点から選挙放送を視聴すると、「選挙期間中に真の争点に焦点を合わせて、各政党・立候補者の主張の違いとその評価を浮き彫りにする挑戦的な番組が目立たないことは残念と言わざるをえない」と苦言を呈したうえで、「国民の選択を実のあるものとするために、臆することなく放送することが求められている」と激励した。

以上がBPOの意見書のあらましで、多くの専門家らが評価した。たとえば、上智大学教授の水島宏明氏（テレビ報道論）は「選挙報道であっても放送局に番組編集や評論の自由が法的に保障されていることを強調し、特定の候補者を重点的に取り上げる場合でも合理的理由があれば問題はないと明確にした点は評価できる。選挙期間中は公平性に配慮するあまり挑戦的な番組が少なくなることへ懸念も示しており、局側は魅力に欠ける番組は結果的に有権者のためにならないと認識すべきだ」（朝日新聞2017年2月8日朝刊）とコメントしている。

一方で、専修大学教授の山田健太氏（言論法）は、委員会の決定自体に異論はないとしつつも「ＢＰＯは各局の自由な報道活動を下支えする存在であってリード役ではない。ＢＰＯの強い姿勢は現場にとって心強い一方、放送局自らが悩み考えながら、報道していかなければ選挙報道の自由は保たれない」（毎日新聞２０１７年２月８日朝刊）と述べ、ＢＰＯは本来の役割から踏み込み過ぎとする見方を示した。

「リード役ではない」という見解はなるほどと思える。しかし、それを裏返せば、「下支えする存在」だけでは済まされないほど放送現場が萎縮しており、黙っていられないほどの切羽詰まった状況があったとの解釈もできる。

## 官邸の選別を受け入れるメディア

それでは、なぜＢＰＯはここまで強い意見を述べなければならなかったのか。安倍晋三政権や自民党のメディアに対する動きをみてみる。

安倍首相は２０１４年11月18日、野党を不意打ちするかのように衆院解散を表明した。首相はその夜にＴＢＳテレビのニュース番組「ＮＥＷＳ23」に生出演し、機嫌よく岸井成格アンカーの質問に答えていた。ところが、番組のなかで街頭インタビューのＶＴＲが流され、アベノミクスについて否定的な意見や感想が語られると、態度を一変させ、「街の声ですから選んでいると思いますよ」「おかしいじゃないですか」と興奮気味に語り、岸井氏らを問い詰めた。

改めてVTRを視聴したが、アベノミクスに肯定的な声も入っており、衆院選前に安倍政権を貶《おとし》めてやろうなどという悪意は感じられない。抗議するにしても、もっと冷静にしてほしい。「あなたは一国の首相なんですよ」といいたくなるぐらいの取り乱しようだった。

このようなことがあった後、自民党は解散前日の11月20日付で、NHKと在京民放テレビ各局に選挙報道の「公平中立、公正」を求める要望書を配布した。要望書は萩生田光一・党筆頭副幹事長らの名前でだされ、「過去にはあるテレビ局が政権交代実現を画策して偏向報道を行い、大きな社会問題になった事例も現実にあった」と記されていた。

偏向報道というのは、1993年の総選挙報道をめぐって国会の証人喚問にまで発展したテレビ朝日の「椿発言問題」をさしているようだ。要望書の文面から受ける印象は、「証人喚問するぞ」といわんばかりの露骨な脅しだ。要望書には「街頭インタビューの使い方」を公平中立にという項目も入っていた。

こうした要望書が配られ、その後の選挙報道に影響がないといえるだろうか。忖度や萎縮といったものが報道現場に広がるのはまず間違いない。衆院選をテーマにしたテレビ朝日系の討論番組「朝まで生テレビ!」(11月29日未明放送)に出演する予定だった評論家の荻上チキ氏とタレントの小島慶子氏が、局側の意向で出演が取り消され、パネリストが政治家だけになった。

15年4月には、自民党の情報通信戦略調査会がNHK番組「クローズアップ現代」、テレビ朝日番組「報道ステーション」の放送内容をめぐり、両局の幹部を呼んで事情聴取した。放送局幹部が自民党に説明にいくことは義務ではない。しかし、放送は免許事業（所管官庁は総務省）のため、与党とりわけ自民党に対して弱腰だ。多重債務者による「出家詐欺」を特集した「クローズアップ現代」に対しては、高市早苗総務相が『報道は事実をまげない』とする放送法に抵触する」としてNHKを文書で厳重注意している。

15年6月には自民党本部で開かれた若手議員の勉強会で、議員による「マスコミを懲らしめる」発言があった。16年に入り、高市総務相が衆院予算委員会で民主党議員の質問に答え、放送局が政治的な公平性を欠くと判断した場合、放送法4条違反を理由に電波法76条にもとづいて電波停止を命じる可能性があると答弁した。この「電波停止」発言はその後紛糾することになるが、ほかにも書いていったらきりがないほど、自民党議員によるメディアに対しての威圧的な対応や発言が随所でおこなわれている。

こうした手をかえ品をかえての圧力は、ボディブローのように効いてくるものだ。どのようなことが報道現場で起こっているのか一例を挙げる。

## 首相へのヤジを報じなかったテレビ局

沖縄は2015年6月23日、戦争終結から70年になる「慰霊の日」を迎えた。糸満市の摩文仁《まぶに》の丘で沖縄全戦没者追悼式典が催され、あいさつに立った安倍晋三首相に会場から「帰れ!」「何のために来たんだ!」との罵声が何度も浴びせられた。

異例の事態となった式典の様子を伝えたのは、テレビ朝日とTBSテレビだけだった。テレ朝の「報道ステーション」はヤジと分かるように伝え、4日後のTBSの「報道特集」は立ち上がって叫ぶ男性の後ろ姿を映し出している。

その日のNHKの「ニュース7」と「ニュースウォッチ9」は首相の発言要旨を報じるだけで、怒号についてはノーコメントだった。日本テレビとフジテレビも沈黙を守った。「これはもう〝あたり障りのなさ〟を通り越した、事実を伝えるジャーナリズムの放棄ではないか」(月刊誌『Journalism』2015年8月号)と危機感を募らせるのはNHK元プロデューサーの桜井均氏だ。

過剰なまでに配慮したNHKと日本テレビ、フジテレビは日頃から安倍首相との関係が良好だ。たとえば、14年末の衆院選後から15年9月中旬までで首相がテレビ出演したのは計9番組で、日本テレビ系(読売テレビ含む)、フジテレビ系(関西テレビ含む)、NHKにかぎられていた。テレビ朝日系とTBS系、テレビ東京系は首相出演がゼロだった。これについては朝日新聞が同紙の首相動静欄から抽出して報じている（2015年9月15日朝刊）。

罵声が飛び交うシーンを報じなかった3放送局の番組に安倍首相はたびたび出演している。まるで首相からご褒美をもらっているようではないか。先にも述べたが、日本テレビは読売新聞、フジテレビは産経新聞の系列局だ。NHKは当時、「政府が右といっているものを、左というわけにはいかない」と、とんでもない勘違い発言をする籾井勝人会長が君臨する時代だった。

新聞にしても放送にしても、首相官邸の露骨なメディア選別を唯々諾々と受け入れているかのようだ。権力とメディアの距離について改めて考えさせられる。

16年春、NHK「クローズアップ現代」キャスターの国谷裕子氏、TBS「ニュース23」アンカーの岸井成格氏、テレビ朝日「報道ステーション」キャスターの古舘伊知郎氏が相次いで降板した。いずれもリベラルな立場から発言し、報道番組の「顔」といっていい人たちだ。これがただの偶然ならいいが、釈然としない思いをもつ視聴者も少なくなかった。

先述したBPOの意見書にもどろう。「どのようなテーマをどのような切り口で取り上げ、誰を出演させるかは、質的公平性を考慮した上で放送局自身が自由に決めること」ができると述べている。

権力側に忖度し放送しなかった、あるいは過小評価したということがあったとしよう。これは事実を曲げることであって、視聴者に対して作為的に嘘をついたということにならないか。積極的な嘘ではなくても、消極的な嘘といえる。

## 「報道の自由度ランキング」が急落

新聞だけでなく放送に対しても安倍晋三政権が、アメとムチを使いこなし巧みにメディア操縦していることを理解していただけただろうか。結果として放送も視聴者をミスリードすることが多々ある。

このような状況のなか、国際ジャーナリスト組織「国境なき記者団」（RSF、本部パリ）は2016年4月、世界各国の「報道の自由度ランキング」を発表した。日本は180ヵ国地域で前年より11ランク下の72位となり、大きく後退した。RSFは「多くのメディアが自己規制している。とりわけ、首相に対してだ」と厳しい評価を下した。

ランキングの上位にはフィンランド、オランダ、ノルウェーと北欧や西欧の国が並び、下位にはエリトリア、北朝鮮、トルクメニスタン、シリア、中国と独裁国が目立つ。中国本土の影響が強まり、親中派の意向が報道内容を左右する香港が69位。日本はその香港よりも3ランク下と判定されている。日本の政府にとっても報道機関にとっても、たいへん不名誉なことだ。

日本は小泉純一郎政権時代に26～44位を推移した後、政権末期の06年に51位に転落した。民主党の鳩山由紀夫政権の10年には11位と過去最高のランクを得た。首相官邸や中央官庁の記者会見をフリーランスや外国人記者に開放した点などが評価されたようだ。西欧諸国に肩を並べたものの、安倍政権発足後の13年に53位に急落。その後も下降はつづき14年59位、15年61位、そして16年が72位と、まるでつるべ落としだ。

なぜ、ここまで「報道の自由」が失われたのか。報道機関は真剣に考えなければならない。ここで留意しなければならないのは、政治からの圧力といった政権側の責任に終始するのではなく、RSFの指摘にもあるように報道側の「自己規制」「忖度」といった内なる問題もあわせて考える必要がある。

折しも「報道の自由度ランキング」が発表された前日のことだ。「表現の自由」に関する国連特別報告者のデービッド・ケイ米カリフォルニア大アーバイン校教授（国際人権法）が、日本外国特派員協会（東京・有楽町）で記者会見し、「報道の独立性が重大な脅威に直面している」と警告した。

来日したケイ氏は4月12日から19日にかけて、政府高官や報道関係者、NGO関係者、学者ら数十人と面談、A4判8ページの暫定報告書をまとめた。軌を一にするかのようなこの二つの発表は、いずれも「報道の自由」や「報道の独立性」について深刻な問題を投げかけている。海外の専門家からみれば、日本の報道を取り巻く状況がこのように映っているということでもある。

ケイ氏は放送を中心とした「メディアの独立」に大きな関心を示し、「私の会ったジャーナリストの多くは、政府の強い圧力を感じていた」と明言した。放送の「政治的公平」を定めた放送法4条をめぐって高市早苗総務相が「電波停止」に言及したことについては、「何が公平であるかについて、いかなる政府も判断すべきではない」「政府は脅しではないというが、メディア規制の脅しと受け止められている」と断じた。高市氏には再三にわたり面談を申し込んだが、会えなかったとしている。

首相や官邸幹部のメディアを軽視する姿勢は、安倍チルドレンといわれる若手議員にまで波及している。一例を挙げれば、自民党本部で開かれた勉強会で当選回数2回の衆院議員が「マスコミを懲らしめるには、広告料収入がなくなるのが一番」と、意に沿わない報道に圧力をかける声をあげた。奢り高ぶった言語道断の発言だ。ことほどさように保守系議員による圧力発言はあとを絶たない。

組織的ともいえる圧力としては、先に詳しく述べたように自民党は衆院選を控える14年11月、選挙報道に対して「公平中立」を求める文書を放送局に配布した。15年２月には菅義偉官房長官がオフレコ会合で、あるテレビ番組が放送法に反していると繰り返し批判したと例証。「政府は放送法４条を廃止し、メディア規制の業務から手を引くことを勧める」と提言した。

日本外国特派員協会の記者会見で印象的だったのは、ケイ氏が「話を聞かせてくれたジャーナリストの多くが、冒頭から『匿名でお願いします』という。多くの人が匿名でなければ話せないのは異常事態といえる」と問題にしたことだ。この背景について「彼らの多くが、有力政治家からの間接的な圧力によって仕事から外され、沈黙を強いられたと訴えている。政府による『中立性』と『公平性』への絶え間ない圧力が、高いレベルの自己検閲を生みだしているようにもみえる」と分析する。

英紙タイムズのリチャード・ロイド・パリー東京支局長は朝日新聞のインタビューに答え、「日本の問題は、ジャーナリストが圧力に十分抵抗していないことだろう」（２０１６年４月24日朝刊）とコメントした。

これはたいへん重要な指摘だ。「報道の自由」をめぐっての安倍首相や政権、自民党議員らの言動に問題が多いのは事実だ。しかし、報道側はそうした「圧力に十分抵抗」できているのだろうか。

昨今の報道に接していると、「自己規制」や「忖度」することで権力側に迎合し、政権と報道がまるで「共犯者」のように絡まって、「報道の自由」の坂を転げ落ちているようにみえる。報道側が自壊するかのような行動をとる、これが最大の報道の危機なのかもしれない。

ちなみに、２０１７年4月に発表された「報道の自由度ランキング」も前年と同じ72位だった。少しも変わっていない。世界は日本の報道状況をこのようにみているという点も知ったうえで、新聞を読むことが肝要である。

# 第3章　朝日問題の本質とその余波

## 「私は朝日新聞に勝った」

安倍晋三首相は米大統領選直後の2016年11月17日、米ニューヨークのトランプタワーを訪問。大統領就任が決まったドナルド・トランプ氏に本間ゴルフ製ドライバーをプレゼントし、ゴルフ談義をした後、次のように語った。

以下は、産経新聞2017年2月11日朝刊からの引用だ。

「実はあなたと私には共通点がある」

怪訝《けげん》な顔をするトランプ氏を横目に安倍は続けた。

「あなたはニューヨーク・タイムズ（NYT）に徹底的にたたかれた。私もNYTと提携している朝日新聞に徹底的にたたかれた。だが、私は勝った……」

これを聞いたトランプは右手の親指を突き立ててこう言った。

「俺も勝った！」

トランプの警戒心はここで吹っ飛んだと思われる。

産経新聞ならではの興味深い内容だ。安倍首相が「私は勝った」とするのは、慰安婦報道の記事取り消しに端を発した14年の一連の朝日新聞問題を指しているのだろう。朝日はいくつもの判断ミスを重ね、保守・右派系メディアから激しいバッシングにあい、ぐうの音もでないほどにやっつけられた。同社幹部に「創刊以来、最悪の事態」といわしめたほどの大事に発展した。

トランプ氏は批判的な報道をするニューヨーク・タイムズやCNNテレビなどの主要メディアと激しく対立。政権発足後は取材の場から閉め出し、「我々はフェイクニュースと戦っている。彼らは国民の敵だ」と攻撃している。

安倍首相は「我々は似た者同士だ。仲良くやっていこう」といいたかったのだろうか。こうしたアプローチは奏功したようで、トランプ氏は初の首脳会談後に「冬のホワイトハウス」（同氏がフロリダに所有する会員制リゾート）に「家族とともに来ないか。ゴルフをやろう」というほどに打ち解けていった。

米次期大統領を前にして「私は勝った」と得意気に話すほど、安倍首相と朝日新聞の慰安婦報道との因縁は深い。

## 慰安婦報道をめぐる根深い対立

1997年4月から使われる中学校の歴史教科書の7冊すべてに「従軍慰安婦」に関す

る記述が盛り込まれることになった。その年の2月27日には自民党衆院議員の中川昭一氏（故人）を代表、安倍晋三氏を事務局長とし、同党若手議員を中心につくる「日本の前途と歴史教育を考える若手議員の会」が発足。歴史教科書の見直しを求めた。

第1次安倍政権が２００６年9月に誕生すると、「……若手議員の会」から「若手」を取った後継組織の「日本の前途と歴史教育を考える議員の会」が、慰安婦問題で旧日本軍の「強制」性を認めた93年の河野談話の見直しに向けての活動を活発化させた。安倍首相は慰安婦問題に関して「資料のなかには強制連行を直接示すような記述が見当たらなかった」と国会などで繰り返し発言。韓国をはじめ米国からも歴史修正主義と批判された。

12年12月の第2次安倍政権発足後も首相は河野談話見直しにこだわりつづける。14年2月の衆院予算委員会では、当時副官房長官だった石原信雄氏が参考人として呼ばれ、談話の作成過程について答弁した。このとき石原氏が韓国側との事前のすり合わせを示唆したことを受けて、安倍政権は河野談話の作成過程を検証、6月に公表している。このように首相は、慰安婦への謝罪と反省を表明した河野談話に一貫して疑問を抱いていた。

この河野談話は、１９９２年1月の朝日新聞のスクープ記事をきっかけに作成されており、安倍首相にとっては朝日が絡むいわくつきのものであった。旧日本軍の関与を示す資料が防衛庁（当時）の防衛研究所図書館で発見されたとするこの記事は、宮沢喜一首相の訪韓前の92年1月11日朝刊に打たれた。

これまでの日本政府の見解が揺らぐインパクトの強いもので、加藤紘一官房長官が軍の関与を初めて認め、日本政府として公式の謝罪表明をした。直後に訪韓した宮沢首相は日韓首脳会談においても謝罪。93年8月には河野洋平官房長官が河野談話を発表し、元慰安婦への「心からのお詫びと反省」を表明することになった。

2000年12月には、民間団体が日本の慰安婦問題などについて責任を追及する「女性国際戦犯法廷」を開催。この民間法廷を取り上げたNHKの番組（2001年1月30日放映）について、朝日新聞は05年1月12日朝刊で「NHK『慰安婦』番組改変／中川昭・安倍氏『内容偏り』前日、幹部呼び指摘」との見出しで特報。中川経済産業相と安倍官房副長官から番組の編集に関してNHK上層部に圧力があったとした。中川、安倍両氏は朝日新聞の報道を否定。朝日はNHKとも激しく対立することになった。朝日は慰安婦問題をめぐり、ここでも安倍氏と衝突した。

第2次安倍政権発足以降は、保守・右派系メディアからの朝日新聞の慰安婦報道への批判が強まり、それと軌を一にするかのように保守系政治家らが、朝日新聞社長や幹部の国会への参考人招致や証人喚問などを求める声をあげ、朝日へ揺さぶりをかけてきた。

安倍首相の歴史認識と朝日新聞の慰安婦報道をめぐっての対立は、このように長く根深くつづいてきた。そしてその都度、保守・右派系メディアが安倍首相ら保守系政治家の後押しをした。

## 朝日新聞問題のあらまし

朝日新聞にとって社長らが国会に呼ばれ、その報道内容について問い詰められるなどということを受け入れられるはずがない。もしそれに応じたら、先例となり公権力側の意に沿わない報道をした新聞社幹部は次々と喚問されることになるかもしれない。現場は萎縮し、報道の自由という民主主義の根幹を揺るがすことになる。

にもかかわらず、朝日新聞の慰安婦報道はいくつもの問題を抱えており、安倍晋三政権や他メディアに対して毅然とした態度をとらなかった。とれなかった、といってもいいかもしれない。

先の大戦で慰安婦にするために朝鮮人女性を強制的に「狩り出した」とする吉田清治証言は、朝日新聞が初めて報じた。しかし、後にこれが虚偽と判明したにもかかわらず、訂正せずにうやむやにしてきた。さらに「慰安婦」を「挺身隊」と混同して伝え、慰安婦ではなく工場などで勤労奉仕した女子挺身隊員の人権や名誉を傷つけたにもかかわらず、それに対する明確な説明もしてこなかった。

このような弱みがあり、朝日新聞は反論できないまま、保守・右派系メディアからサンドバッグのように打たれつづけていた。政権からは証人喚問をちらつかされ、追いつめられたかたちで戦後70年を翌年に控えた２０１４年8月、朝日新聞は検証記事を掲載。吉田証言を虚偽とする判断を示し、それにかかわる16本（後に18本に訂正）もの記事を取り消すことになった。吉田証言の初報は１９８２年9月だったので、32年ぶりの異例中の異例の訂正になった。

２日間にわたる検証特集で終息させようとしたが、「報道の誤りを認めたにもかかわらず、謝罪がない」などと激しいバッシングにあい、「国賊」「売国奴」「反日」などという言葉が、雑誌やネットに氾濫する異様な事態に発展した。さらに慰安婦報道にかかわった元朝日新聞記者とその家族が「売国奴」などと罵られ、激しく個人攻撃された。この元記者が女子大教授に就任することになったと週刊誌が報じると、大学に脅迫状が送りつけられ、内定取り消しに応じざるをえなくなるという、やり切れない事件も起こった。

これらに加えてジャーナリストの池上彰氏が、朝日新聞に連載するコラム「新聞ななめ読み」で検証記事に謝罪の言葉がなかったことを問題にすると、そのコラムの掲載を朝日側が見合わせることになった。他紙の報道でこの件が明るみになり、「言論を封殺した」とここでも厳しく批判された。事実関係に誤りがあるとか、極端に偏った論評であるなら別だが、「謝罪がない」と指摘したとの理由で、社外筆者のコラムを掲載中止にすることは報道機関として自殺行為にも等しいことだ。この時点で、朝日幹部らは思考停止状態に陥っていたといえる。

このようななか、東京電力福島第一原発所長だった吉田昌郎《まさお》氏（故人）が政府の事故調査・検証委員会（事故調）の調べに答えた「聴取結果書」（吉田調書）に関するスクープ記事を取り消す、という重大な事態も同時進行していた。

こうした三つの出来事が、14年8月から9月のわずか1ヵ月ほどの間に次々と浮上。たった一つでも新聞社を揺るがす大問題が三つも重なり、朝日新聞は窮地に追いやられることになった。

こうして朝日新聞は大きく信頼を失い、ブランド力も低下することになった。朝日は致命的な判断ミスを重ね、自滅していったとする見方が的を射ていると考えられるが、本章冒頭で紹介した安倍首相が米国の最高権力者トランプ氏の前で、「私は〔朝日新聞に〕勝った」と誇らしげに語った見方は、当たらずも遠からずといえないか。1990年代半ば以降の朝日の慰安婦報道の影には、強固な保守・右派系の歴史認識に支えられる安倍首相の影がみえ隠れしていた。

これが2014年の朝日新聞問題のあらましだ。次に朝日がいくつもの記事を取り消し、結果的に読者に対して大きな嘘をついてしまった失敗の本質がどこにあるのか、個別具体的にみていきたい。

## 専門家から吉田証言に疑義

朝日新聞の慰安婦報道に対し、保守系の論客からいくつかの疑問や疑念が寄せられていた。ここでは紙幅の関係もあるので、もっとも根深いと思われる吉田清治証言の記事取り消しに焦点をあてたい。次いで池上彰氏のコラム掲載見合わせ、東京電力福島第一原発所長の吉田昌郎調書の記事取り消しの順に取り上げ、朝日の姿勢や対応のどこに問題があったのか、考えていく。

朝日新聞は戦後、旧日本軍の慰安婦問題をリードして報道してきた。そんな朝日が自らの慰安婦報道を検証し、2014年8月5日、6日朝刊と2日間にわたって特集記事「慰安婦問題を考える」を掲載、誤りがあったとして一部を取り消すと報じた。

慰安婦報道問題の発端となった、吉田清治氏（故人）による韓国・済州島で朝鮮人女性を強制連行したという証言は、朝日新聞1982年9月2日朝刊（大阪本社版）の社会面に掲載された。記事は大阪市内での吉田氏の講演を伝えるかたちで、「「昭和」十八年の初夏の一週間に済州島で二百人の若い朝鮮人女性を『狩り出した』」「朝鮮人男性の抵抗に備えるため完全武装の日本兵十人が同行した。集落を見つけると、まず兵士が包囲する。続いて吉田さんの部下九人が一斉に突入する。若い女性の手をねじあげ路地にひきずり出す」と伝える、衝撃的な内容のものだった。

吉田氏（1913〜2000年）は福岡県生まれ、1942年から敗戦まで日雇い労働者らを統制する山口県労務報告会下関支部の動員部長をしていたと自称。朝日は吉田証言を報じた後、翌83年10月から12月に3回にわたり、東京本社版においても吉田氏をめぐる記事を掲載した。

83年10月19日夕刊は「太平洋戦争中、六千人の朝鮮人を日本に強制連行し、『徴用の鬼』と呼ばれた」と吉田氏を紹介。12月24日朝刊では朝日記者が吉田氏の韓国への謝罪の旅に同行し、「私一人だけのおわびではありますが、自責の念で死ぬにも死ねない気持ちでやってまいりました」とする言葉を報じた。天安市に「謝罪の碑」を建て、土下座して謝罪する吉田氏の写真を併せて載せた。

吉田証言は掲載当初から大きな関心を呼び、国会でも取り上げられることになった。85年2月14日の衆院予算委員会では、社会党議員が旧植民地政策の関連で吉田証言について質問。当時の中曽根康弘首相は「吉田清治さんがおやりになっていることは非常にとうといことであります。今初めてお聞きいたしましたので、よく調べてみたい」と答弁している。

このように82年9月2日朝刊の記事をきっかけとして波紋が広がっていくことになった。次に吉田氏が朝日新聞に頻繁に登場するのは、90年から92年にかけてで、計9本（うち大阪本社版3本）の記事が掲載された。いずれも慰安婦を強制連行したとする吉田証言にもとづいて書かれている。

たとえば92年1月23日夕刊は「国家権力が警察を使い、植民地の女性を絶対に逃げられない状態で誘拐し、戦場に運び、一年二年と監禁し、集団強姦《ごうかん》し、そして日本軍が退却する時には戦場に放置した。私が強制連行した朝鮮人のうち、男性の半分、女性の全部が死んだと思います」という吉田氏の、にわかには信じがたい告白を伝えている。

この記事を読んだ読者から疑問を投げかける多数の投書が寄せられた。それを受けて同じ筆者が、3月3日夕刊で「知りたくない、信じたくないことがある。だが、その思いと格闘しないことには、歴史は残せない」と反論している。

このようななか、複数の専門家から吉田証言について疑問が呈されることになった。たとえば現代史家の秦郁彦氏は韓国・済州島での現地調査（92年3月）にもとづき、吉田証言による「済州島での〝慰安婦狩り〟については、信ぴょう性が極めて疑わしい」とコメントした（産経新聞1992年4月30日朝刊）。秦氏は後に吉田氏のことを「職業的詐話師」

と称することになる。

## 言論機関として不誠実な手法

朝日新聞は吉田証言への疑義に対して明確な説明はしてこなかった。しかし、1996年に入って転機が訪れる。翌97年春から中学校で使われる歴史教科書に「従軍慰安婦」に関する記述が登場することになった。これに対して保守系の学者や政治家が関連記述の削除を求め、朝日新聞などリベラル系と読売新聞など保守系メディアが対立。慰安婦の強制連行がクローズアップされた92、93年当時と同様に激しい論争が再燃することになった。

このような状況のなか、朝日新聞は97年3月31日朝刊に旧日本軍の慰安婦をめぐる事実関係を整理した特集と社説を掲載することになった。

1面に「強制性の認定は正当」とする見出しを立て、河野談話の中身や歴史教科書の記述への批判に反論する河野洋平元官房長官の発言を紹介。見開き特集では「政府や軍の深い関与、明白」「従軍慰安婦 消せない事実」との主見出しをとり、教科書に慰安婦についての記述が載ることになった「経緯」と「強制性」などについて詳報した。その後も尾を引きつづけることになる、重大な誤りともいえる二点の記述がこの特集の左面に掲載された。

一つは、吉田清治氏が朝鮮人女性を慰安婦にするために強制連行したとする証言をめぐり、「済州島の人たちからも、氏の著述を裏付ける証言は出ておらず、真偽は確認できない」との記述にし、吉田証言の真偽について曖昧なままにした。

この特集はそもそも歴史教科書に慰安婦に関する記述が盛り込まれることになり、これにともない吉田証言の真偽についての問題が再燃したことから、それに答えるべく作ろうとしたものであった。にもかかわらず、肝の部分の吉田証言について見出しも立てず、記事に埋没させるかたちで「真偽は確認できない」とひと言で済ませたのである。そしてその後、朝日新聞は吉田証言について紙面で取りあげなくなった。

もう一つは、「強制性」をめぐって「軍による強制連行を直接示す公的文書も見つかっていない。……『強制』を『強制連行』に限定する理由はない。強制性が問われるのは、いかに元慰安婦の『人身の自由』が侵害され、その尊厳が踏みにじられたか、という観点からだ」とする記述だ。

気をつけずに読むと、見落としてしまいそうだが、朝日新聞は「強制性」について80年代以降、徴募の場面で強制連行があったとする「狭義の強制性」について報じてきた。にもかかわらず、この97年特集では河野談話に依拠する「広義の強制性」を唱える観点から慰安婦問題を論じたのである。それまで主張してきた「狭義の強制性」について何の説明もなく、肝の部分の見方を変えたのである。併せて掲載した社説においても日本軍による狭義の強制連行に限定する議論を「本質を見誤るものだ」と批判、「広義の強制性」を問題にした。

軍による強制連行を直接示す公的文書がないなか、「狭義の強制連行」を裏付ける吉田証言の信憑性も揺らいだ。そこで朝日新聞は、河野談話でとられた「広義の強制性」というスタンスへ、何の断りもなく乗り換え、議論をすりかえていったのである。

この二つは、言論機関としてきわめて不誠実な手法といえる。案の定、吉田証言の初報から32年後、97年特集から17年後の2014年にこれらの問題が激しく燃えあがることになった。

## 32年後の吉田証言報道取り消し

1997年特集が掲載された当時、大きく取りあげて反論する記事などはなかった。このようなこともあり、朝日新聞の多くの関係者は、慰安婦報道問題について「1997年特集で解決済みになった」と考えるようになった。他メディアも凪《なぎ》のように静まり、社内でも吉田証言についてはあまり話題にされることがなくなっていった。

だが、2011年12月、韓国ソウルの日本大使館前に慰安婦をモチーフにした少女像が設置され、政治問題として慰安婦問題が浮上することになった。これによって、朝日新聞の過去の報道が再び問題視されることになり、12年5月に朝日は秘密裡に吉田証言問題を下調べすることになった。その後、12年12月に安倍政権が誕生。戦後70年を控えた14年に入ると、保守・右派系メディアや保守系政治家、論客らによる朝日の慰安婦報道に対する攻撃も強まり、本格的な検証特集を組むことになった。

こうして朝日新聞は一連の慰安婦報道を調べ直し、14年8月5日、6日朝刊と2日間にわたって特集記事「慰安婦問題を考える」を掲載。済州島で慰安婦にするために朝鮮人女性を強制連行したとする吉田清治氏の証言を裏付けられず虚偽とした。これにともない16本（後に18本に訂正）の関連記事が取り消された。

長らくグレーの状態のまま放置してきた問題が、報道の一報から32年ぶりに決着することになった。ほかにもいくつかの疑問や問題があり、それに答えようとする特集であったが、吉田証言にかかわる部分がもっともインパクトがあった。「狭義の強制性」から「広義の強制性」に何の説明もなく立場を変えた件については、明記しない記事になっていた。

朝日新聞はこれでけじめをつけたと考えた。しかし、先にも述べたように、誤報として記事を取り消したにもかかわらず、読者に対する「謝罪」がないなどと他メディアから激しく攻撃されることになった。

## 致命的な判断ミスだった池上コラム掲載拒否

池上コラムの掲載拒否問題にふれる。

池上彰氏の連載コラム「新聞ななめ読み」は毎月、最終金曜日に朝日新聞朝刊に載せられていた。ところが、掲載予定日の２０１４年８月29日朝刊にコラムがなかった。しかも、何のお知らせも説明もないままの休載で、不可解な紙面だった。

そうこうしていると毎日、読売、産経、東京新聞の４紙が９月３日朝刊で、池上氏が朝日新聞に対して連載中止を申し入れていることが分かったと伝えた。朝日の慰安婦検証記事を批判的に論じ、掲載を断られたことが原因としていた。

多くの朝日社員にとっては、この事実を他紙の報道で知ったのがショックであったし、何よりも情けなかった。言論機関が自らの報道を批判され、その言論を封じるというのは、あってはならないことだ。朝日新聞は一連の問題で判断ミスを重ねたが、これがもっとも致命的なミスではないだろうか。「言論の封殺」は、言論機関として自殺行為である。

朝日の現役記者からも実名で批判の声があがった。朝日のホームページで公開しているツイッターに、「報道通りだとすれば、心が挫けかける」「はらわたが煮えくりかえる思い」「『善意の批判』まで封じては言論が成り立たない」などと次々に投稿した。読者の怒りと失望はさらに大きなものだったろう。

読者や他メディアからの轟々たる批判を受けた朝日新聞は、一転してコラムを約1週間遅れて9月4日朝刊に掲載した。「慰安婦報道検証／訂正遅きに失したのでは」と見出しがとられた「新聞ななめ読み」を読んでみた。

検証の不十分な点や長きにわたり曖昧にしてきた点、朝日報道の過ちにもかかわらず他紙を引き合いにだした点、謝罪の言葉がなかった点など、朝日にとって耳が痛い指摘が何点にもわたって書かれていた。しかし、筋の通った指摘で、悪意などは感じられない。むしろ朝日社員のツイッターにもあったように「善意の批判」といってもいいものだった。

なぜ、コラムの掲載拒否にいたったのかは、後述する。この暴挙ともいえる出来事は、朝日に大きなダメージを与えることになり、14年9月11日夜の吉田調書報道の取り消しと謝罪、慰安婦報道の誤りを謝罪する記者会見へとつながっていくことになった。

## 吉田調書をめぐる「大スクープ」

東京電力福島第一原発所長の吉田昌郎氏（2013年7月9日死去）が政府事故調の調べに答えた吉田調書を朝日新聞が入手。その内容と評価を2014年5月20日朝刊の1面トップでスクープした。

「所長命令に違反　原発撤退」「政府事故調の『吉田調書』入手」「福島第一所員の９割」との大きな見出しが躍る。

「東日本大震災４日後の11年３月15日朝、第一原発にいた所員の９割にあたる約６５０人が吉田氏の待機命令に違反し、10キロ南の福島第二原発へ撤退していた」という衝撃的な内容だった。記事は「その後、放射線量は急上昇しており、事故対応が不十分になった可能性がある。東電はこの命令違反による現場離脱を３年以上伏せてきた」とつづく。

原発がメルトダウン（炉心溶融）を起こすという大事故が進行するなか、それに対応する所員の大部分が職場を放棄していたという、恐ろしい内容の記事だ。しかも、それを東電が３年以上も隠蔽してきたという。

２面の記事は「葬られた命令違反」との主見出しをとり、調書をもとに当時を臨場感たっぷりに再現した。さらに「担当記者はこう見た」という解説記事で「吉田調書が残した教訓は、過酷事故のもとでは原子炉を制御する電力会社の社員が現場からいなくなる事態が十分に起こりうるということだ。その時、誰が対処するのか」と疑問を投げかけ、「自治体は何を信用して避難計画を作れば良いのか。その問いに答えを出さないまま、原発を再稼働して良いはずはない」と見解を述べた。

これを読んだ大多数の読者は、原発の再稼働など絶対に許せないと思ったのではないか。

この解説記事を書いた記者も、この点をもっとも強く訴えたかったと思われる。当時、政府は調書の全面的な公開はしないといっており、朝日新聞が入手し公表しなければ、永遠に世にでなかったかもしれない。この点において、まずたいへん価値のあるスクープだった。さらにその調書の内容への評価が強烈なもので、社会に大きな衝撃を与えることになった。

海外メディアも朝日新聞の報道を受け、米紙ニューヨーク・タイムズは「命令に反し、パニックに陥った所員は原発から逃げ出した」、英紙タイムズは「サムライ・スピリットの手本とはほど遠く、90％の所員は命令に従わずに逃げた」とセンセーショナルに報じた。

## 産経、読売、毎日が朝日と逆の見解

朝日新聞社内は吉田調書をめぐって大きな特ダネを打ったことで、沸いたし士気も高まった。だが、これが数ヵ月後に想像もしなかった方向へと進んでいくのである。

朝日の特報から約3ヵ月後、産経新聞も吉田調書を手に入れ、2014年8月18日朝刊の1面トップで「『全面撤回』明確に否定」「命令違反の撤退なし」との見出しをとり、「所長命令に違反 原発撤退」とする朝日新聞とはほぼ逆のニュースとして報じた。

「〔吉田氏は〕現場にとどまった所員には感謝を示すなど、極限状態での手探りの事故対応の様子を生々しく語っている」と1面の前文で伝え、2面の社説（主張）で『退避』と『待機』では、意味が逆だ。〔朝日新聞は〕無用な被曝を避けるための退避をどうして『現場離脱』と断じたのか。『暴れている』原発の冷温停止に命をかけた人々に対する冒瀆であろう」と厳しく指摘した。

朝日新聞と産経新聞がもつ吉田調書が同じものでありながら、どうして正反対ともいえる記事の内容になるのか。これは奇妙なことであると同時に、ジャーナリズムや報道そのものの信頼を揺るがす出来事となった。

朝日と産経の資料の「読み方」の違いについて、どちらが正しいのか判定がつかずに平行線をたどるなか、政府は調書の公開に向けての検討をはじめた。そうこうしていると、今度は読売新聞が吉田調書を入手、8月30日朝刊で大きく報じた。翌31日朝刊では毎日新聞と東京新聞が、共同通信が手に入れた調書をもとに、その内容を伝えることになった。

朝日と産経のどちらの評価が正しいのか、議論を呼ぶなかで、読売と毎日が産経と同様の見方を示し、朝日は孤立することになった。東京は争点部分にはふれなかった。

読売新聞の見方をみる。朝日報道とのズレについて2面に「吉田調書と食い違い」と見出しをとって言及。「朝日新聞の記事は調書のほか、東電の内部資料に基づいて構成したとしている」とし、報道は吉田氏が「本当は私、2F（福島第二）に行けと言っていないんですよ。福島第一の近辺で、所内にかかわらず、線量が低いようなところに一回退避して次の指示を待てと言ったつもりなんです」「2Ｆに行ってしまいましたと言うんで、しょうがないなと。2Ｆに着いた後、連絡をして、まず（管理職の）ＧＭクラスは帰ってきてくれ、という話をした」と証言する部分に焦点をあてたものだと説明したうえで、次のように指摘している。

「問題は、次に続く吉田氏の発言だ。『よく考えれば、（線量の低い）2Ｆに行った方がはるかに正しいと思ったわけです』。吉田氏は自分の指示通りではなかったにせよ、結果的に部下たちの退避の判断が妥当だったとの認識を示している。／だが、この部分について朝日新聞は同日の紙面では触れていない」「朝日新聞は、所員が吉田氏の『待機命令に違反』して第二原発に『撤退』したとして問題視したが、調書からは吉田氏がこれを命令違反ととらえていたことは読み取れない」との見解を示した。

読売新聞は翌8月31日朝刊に社説を掲載。「『撤退』も命令違反もなかった」とし、「退避の経緯は、政府事故調の報告書にも詳述されている。朝日新聞の報道内容は解せない」と断じた。

朝日新聞が8月5日朝刊に掲載した慰安婦報道の検証記事などをめぐり、激しいバッシングを受けるなか、今度は吉田調書報道においても誤報として追い詰められていた。先に述べたように池上コラム掲載拒否問題は9月3日に明るみになり、朝日にトリプルパンチを浴びせることになった。

## 吉田調書報道は記事取り消しに

こうして朝日新聞は2014年9月11日夜、東京・築地の東京本社で緊急記者会見を開いた。何台ものテレビ中継車が社屋に横づけにされ、約250人の報道関係者が詰めかけた。

朝日は慰安婦をめぐる吉田清治氏の虚偽証言を報じた記事を取り消しながら、謝罪の言葉がなかったと厳しく批判されていた。これはもっともな指摘で、どこかで謝罪する必要があった。この機会は奇しくも吉田調書報道の記事を取り消すタイミングに合わせてやってきた。

騒然とする記者会見場で、木村伊量社長は福島第一原発事故の吉田調書をめぐり、5月20日朝刊で報じた「所員の9割が所長命令に違反して撤退した」との記事を取り消し、読者と東京電力の関係者に謝罪した。合わせて杉浦信之・取締役編集担当を解任したが、木村社長は自身の進退を明確にしなかった（2014年12月5日辞任）。

会見冒頭の木村社長の言葉は、吉田調書報道の記事取り消しに約3分の2の時間を費やして説明と謝罪をし、残りを慰安婦報道にあて、吉田氏に関する誤った記事を掲載したことと、その訂正が遅きに失したことについて読者におわびした。

朝日新聞の吉田調書報道は、不正確な伝わり方をする「伝言（ゲーム）」や「2Fに行った方がはるかに正しい」という吉田発言についてふれていなかった。つまり、朝日報道は自らの主張に都合のよい部分をフレームアップし、都合の悪い部分には記事でひと言も言及していなかったといえる。

さらに、「所員の9割にあたる約650人が吉田氏の待機命令に違反」と記事に書きながら、この所員らを取材し、反論する機会を与えていなかったことが、記者会見で明らかになった。杉浦編集担当は、吉田調書報道は「評価の誤り」でなく、「事実の誤り」とまで言い切った。

朝日新聞の吉田調書報道の記事取り消しという判断は妥当だったのか。朝日は同社の第三者機関である「報道と人権委員会（PRC）」に審理を申し立てた。慰安婦報道については第三者委員会（中込秀樹委員長）を新たに設け、検証を依頼することになった。

## 一気に取り消した判断への疑問も

福島原発事故にかかわる吉田調書を審理した、朝日新聞の第三者機関である「報道と人権委員会（ＰＲＣ）」の見解は、朝日に対してきわめて厳しいものであった。ＰＲＣは「報道内容は……重大な誤りがあった」「読者に公正で正確な情報を提供する使命にもとる」「危機感がないまま、適切迅速に対応しなかった」ことで、「結果的に記事の取り消しに至り、朝日新聞社は社外の信頼を失うことになった」と結論づけた。記事を取り消したことは「妥当」と判断した。

見解には、「所長命令に違反」したと評価できるような事実は存在しない、裏付け取材もなされていない、と厳しい指摘が並ぶ。さらに2面「葬られた命令違反」との記事にも問題があるとし、「ストーリー仕立ての記述は、取材記者の推測にすぎず、吉田氏が調書で述べている内容と相違している」と断じた。

以上がＰＲＣの見解だが、一方で記事を一気に取り消した判断に疑問を呈する見方もあった。代表的なものとして、朝日新聞が発行するメディア研究誌『Journalism』２０１４年12月号に掲載された二つの論考をみてみる。

ジャーナリストの青木理氏は「ひょっとすると日本のメディア史に重大な禍根を残すミスになりかねない、と私は憂いている」と指摘したうえで、大別すれば2点の理由を挙げた。1点目は、吉田調書という価値ある資料は実際に存在しており、虚報や捏造のたぐいの記事ではなく「評価の誤り」があったなら、訂正や修正でよかったのではないか、というもの。2点目は、「特報を一気に取り消してしまう」という前例をつくったことで、同様の調査報道に取り組む記者たちが萎縮したり自粛したりするのではないか、とするものだ。

ジャーナリストの魚住昭氏はPRCの「妥当」とした結論に「私は疑問がある」とし、吉田所長発言の評価の仕方を検証した。そしてその結果、「命令違反」という語句に問題があるので、「所長指示だと思って2Fに退避した所員らには、見出しなどの語句を訂正した上で『お詫び』の意を表明すれば。それで済んだはずだ」と主張している。

青木、魚住両氏は取り消す必要はないが、訂正やおわびは必要としており、この記事の評価の誤りは認めている。両氏がいうように訂正し謝罪すれば、あるいはそれで済んだかもしれない。しかし、長期間にわたり問題を抱えつづけた慰安婦報道を一部取り消し、強烈なバッシングを受けるなかで、それと同じように曖昧にすると同じ轍《てつ》を踏むことになるかもしれない。吉田調書報道も慰安婦報道のように何十年にもわたり朝日の喉元にトゲのように刺さりつづけるのではないか、と朝日幹部が考えての判断だったかもしれない。

今回のような記事の全面取り消しは、吉田調書を入手し初公開したという紛れもない事実までを取り消すことになる。すべてがなかったことになる、きわめて厳しいものだ。慰安婦問題と連動するかたちでこの問題が浮上していなかったなら、朝日は訂正、謝罪という方法をとったかもしれない。

## 重なった二つの判断ミス

ここで、どうしてこうも判断ミスが重なったのか、考えてみる。

致命的ともいえる大きな判断ミスは二つあった。一つは、2014年8月5日、6日朝刊の特集記事で、記事の誤りを認めて取り消したにもかかわらず、謝罪をしなかったこと。もう一つは、池上コラムの掲載拒否をしたことだ。

この二つの判断ミスがなければ、2014年の朝日新聞問題はまったく違ったものになり、そもそも大きな問題など起こらなかったかもしれない。慰安婦報道へのバッシングがつづいたとしても、弱みとなっていた大きなトゲは抜いたので、新たな気持ちで再出発できたのではないか。

多くの関係者から聞き取りをした慰安婦報道を検証する第三者委員会の報告書は、吉田証言の誤報を放置し、取り消しなどの対応が遅れたことを「読者の信頼を裏切るもの」と厳しく批判した。

この報告書は、二つの判断ミスに関して当時の木村伊量社長がほかの幹部の反対を押し切って、独断専行していったことを鮮やかに描きだしている。

一つ目の判断ミスだが、どうして朝日は謝罪ができなかったのだろうか。誤報があった場合、おわびして訂正するのは自然な対応で、それまでもそのようにしてきた。むしろ異例のことをしたのである。

報告書を読み込むと、当初、編集現場の責任者である渡辺勉ゼネラルエディター（以下、GE）らは「謝罪するのが筋」とし、「謝罪文言を入れたゲラ刷りが作られた」「7月15日までは、1面掲載の論文及び囲み記事においておわびする旨を明記した紙面案が作成された」と述べられている。

だが、拡大常務会の前日7月16日、木村社長から「おわびすることに反対する意見が出され、……翌日の拡大常務会に提出する紙面案は、おわびを入れない案が提出された」と記されていた。

つまり、杉浦信之・取締役編集担当に並ぶ編集の責任者である渡辺GEら現場は謝罪するのが当然と考え、すでにゲラ刷りまでつくっていたにもかかわらず、木村社長の鶴の一声で、翌日には謝罪文を抜いたうえ、記事量も圧縮したものに差し替えたのである。

ここは、たいへん重要なポイントだ。経営者である社長の指示と、編集責任者の考えのどちらの優先順位が高いのか。現場の認識や感覚とまったく逆の指示をした社長に対し、言論人として唯々諾々と従う必要があるのだろうか。これが一般企業なら社長の指示が優先されるかもしれない。しかし、公共性がきわめて高い新聞社の編集部門の対応としては、おかしくないか。結果として、朝日は創業以来の危機に陥ることになった。

謝罪する、しないというやりとりについては、私もふくめ大多数の社員は知らなかった。一握りの人間がすべてを密室でおこなっており、この報告書で初めて知ることになった。検証チームに参加した1人の記者は、15年1月に都内であった毎日新聞労働組合主催のシンポジウムで「秘密裡に進めろという指示があり、誰にも相談できなかった」と、胸のうちを明かしている。

二つ目の判断ミスも社長によるものであった。朝日新聞からの依頼によって、池上彰氏は連載コラム「新聞ななめ読み」で、慰安婦報道問題の特集記事に対して検証が十分でない、謝罪がないのはおかしいなどと言及。14年8月27日午後、オピニオン編集部の担当者にメールでコラム記事を送信した。担当者は「過ちは潔く謝るべきだ」という見出しをつけ、池上氏は了承している。

池上コラムは厳しいものであったが、渡辺GEは掲載することに問題はないと考えていた。しかし、「27日の夕方になって、木村〔社長〕が掲載に難色を示しており、このままでは掲載できないということになった」と報告書に記されている。

翌28日に入り、見出しをマイルドなものに変えて掲載するという案を杉浦編集担当が木村社長に提案したが、これも拒絶された。渡辺GEやオピニオン編集部は杉浦編集担当に「もし載せなければ、これまでは慰安婦を巡る問題の議論だったものが言論の自由を巡る問題に変わってしまいフェーズが変わる」と危機感を募らせた。これはまっとうな考え方である。だが、これに対して杉浦編集担当は「連載打ち切りのリスクよりもコラムを載せる方がリスクが高いと判断した、掲載しない判断は経営上の危機管理の観点からのものだ」と説明した。

こうして「経営上の危機管理」というヘンテコな理屈のもと、同日夕に渡辺GEらが池上氏と面談し、「おわびがないという部分を抑えたものに書き直してもらうことができないか」と依頼した。これに対し、池上氏は「細かい言葉の修正ならともかく……テレビでは訂正とおわびはセットだ、……これがだめということだとジャーナリストとしての矜持が許さないので連載は打ち切らせて欲しいと答えた」。

朝日新聞は8月29日朝刊へのコラム掲載を中止し、オピニオン編集部長を通じて「新聞ななめ読み」をどのように終わらせるか、池上氏に打診することになった。

これらが二つの判断ミスの顚末だ。

## 「経営と編集の分離」の原則

吉田証言報道を取り消した際に謝罪しない判断と、池上彰コラムを没にする判断のいずれも木村伊量社長が相次いで下した。編集現場において、経営者である社長の指示は絶対的なものなのか。ここに大きな問題提起がなされることになった。

一連の朝日新聞問題は、大別すれば二つのフェーズがある。一つは、「誤報」という取材・執筆の過程で生じた問題だ。もう一つは、謝罪を抜きにした訂正報道と池上コラムの掲載拒否で、これは事後処理の問題だ。木村社長の二つの判断ミスは、事後処理の過程で起こった。取材・執筆の過程で起こった「誤報」の問題ではない。事後処理としてなされたのが、2014年8月の特集記事だった。

この特集記事をもって決着を図ろうとしたのは木村社長で、経営による「危機管理」という側面、換言すれば「経営幹部による『社を守る』という大義によって」推し進められ、編集現場のさまざまな決定がくつがえされた。そして、その判断は惨憺たるものであった。

朝日の慰安婦報道への執拗な攻撃、慰安婦報道にかかわった元記者とその家族や、販売店への常軌を逸したバッシングもあり、繰り返すが経営による「危機管理」という側面から検証チームを立ち上げ、特集記事の掲載にいたった。ジャーナリズムの倫理や良心といった側面からでた話ではなく、「危機管理」のための特集であったと理解していいであろう。

「誤報」による編集の問題という出発点と、経営の問題という着地点の二つのフェーズのねじれが、朝日問題の背景にあるといえる。経営の問題から着地点を模索したとしても、言論機関である以上は編集の問題として着地させるのが筋であった。

紙面制作は編集現場の責任ですべきだった。編集の問題としてジャーナリズムの倫理や良心といったことを念頭に特集記事をつくったなら、紙面から謝罪の部分を落としたり、記事を大幅に短くしたりすることもなく、そもそも記事の書き方もずいぶんと変わってきたはずだ。

当初の紙面案には謝罪の言葉があったし、記事の分量も2倍ほどあった。おわびして謝罪しているのだから、そもそも池上コラム問題が起こることもなかった。

こうした一連の出来事を通じて得られた大きな教訓は、報告書でも指摘されているが、「経営と編集の分離」の原則をいかに確立し維持していくべきか、ということだ。編集権という概念がある。編集をめぐる外部からの圧力と、内部的な干渉からの独立を担保し、報道の自由を守るというものだ。

「しょせん、サラリーマンだから、社長の命令には逆らえないよ」という声が聞こえてきそうだ。だからこそ、編集権は経営側ではなく、編集側に属するという原則を確かなものにしておく必要があるのではないか。たとえば米国のように報道機関のオーナーがたびた び替わっていくという状況はまだ日本にはないが、このような事態になれば、まさに編集権の問題に直面することになる。この問題を放置することは、なによりも購読している読者に対して不誠実である。

朝日新聞は14年危機を経てもなお、「経営と編集の分離」原則について真剣に考えていないように思える。この問題をどう考えるのか、しっかりと議論し結論をだし、新聞紙上において宣言しないかぎり、同じ過ちを再び起こすことになりかねない。14年危機はまだ終わっていないのである。

## 「ジャーナリズムの鉄則」という物差し

先に述べたように一連の朝日新聞問題には、「誤報」という取材・執筆にかかわる問題と、「誤報」の処理という事後過程での問題の二つがある。事後過程の問題については前項で説明した。ここでは、「誤報」という取材・執筆の過程で生じた問題について考えたい。

その前提として、今回の一連の出来事と密接にかかわる「ジャーナリズムの鉄則」について説明する。

記事を完成させるまでには、いくつかのハードルを越す必要がある。そのハードルは「情報の真偽の確認、公益性の確認、反論権の確保」の3点であるといえる。「ジャーナリズムの鉄則」といえるもので、欧米のジャーナリストに尋ねてもほぼ同じ答えが返ってくる。

これを私なりの言葉でいえば、記事として成立させるためには「提示された『事実』の裏付けをとり、裏付けがとれたなら、公益性があるか判断するためその事実に社会的な文脈を与え、そして取材対象者に反論の機会を与える」となる。この三つのハードルを越えなければならない。それができて初めて記事として掲載できる。逆にいえば、この3点をクリアしていない記事は未完成であり、新聞に載せる段階にいたっていない。

鉄則に従って、今回の吉田証言報道をみれば、そもそも事実の裏付けがとれていない。吉田清治氏は「十八年の初夏の一週間に済州島で二百人の若い朝鮮人女性を『狩り出した』」「朝鮮人男性の抵抗に備えるため完全武装の日本兵十人が同行した」「吉田さんの部下九人が一斉に突入する。若い女性の手をねじあげ路地にひきずり出す」と大阪市内であった講演会で証言し、この内容を朝日新聞が1982年9月2日朝刊（大阪本社版）で伝えた。

これが朝日新聞にとっての初報で、その後関連記事が掲載されることになるが、慰安婦にするために朝鮮人女性を強制連行したとする吉田証言にもとづいて書かれている。初報となる講演会の模様を裏付けないまま伝えたのは、１００％悪いとはいえないが、歴史上初めての証言でしかも性にかかわるデリケートな問題でもあり、続報段階からは裏付けをとったうえで報じるのがまっとうなジャーナリズムではないか。

しかも産経新聞が92年4月30日朝刊で「信ぴょう性が極めて疑わしい」とする専門家のコメントを載せ、疑問を呈していた。初報から10年後の話だが、この時点でも誰も済州島に行き、裏付け取材をしていない。裏付けのないまま18本もの関連記事が掲載されることになった。朝日記者は１９９７年の特集記事の段階で済州島を訪れ、「真偽は確認できない」とした。

これで、いいはずがない。「吉田氏によると」とする逃げを打って書く段階はとうに過ぎている。これは百歩譲っても初報の段階までで、その続報からは裏付けが必要だ。現在の基準では、吉田証言のような歴史上の新事実となる証言は、初報の段階から裏付けをとり、その事実に文脈を与え、記事を書くことで汚名を着せられる人がいれば、その人に反論の機会をつくる必要がある。

衝撃的な証言だけにすぐに済州島に行き、島民の話を聞いたり、資料を探したりすれば、ずいぶんと違った結果になったのではないか。

一方で、吉田調書報道に「ジャーナリズムの鉄則」という物差しをあててみる。「事実」の確認が不十分で、その事実に的確な「社会的な文脈」も与えず、汚名を着せられた約650人の所員に対して、誰一人として「反論」の機会をつくらなかった。これでは、書かれる側のいい分を聞かずに、自分の都合のいいデータだけを使っているといわれても仕方がないのではないか。

慰安婦という歴史認識にかかわる問題と、福島原発事故という原子力政策にかかわる問題は、いずれも国論を二分するたいへん大きなテーマだ。それだけに記事に対するリアクションも大きい。二つのケースは、反対意見に耳を貸さないかたちで自己の主張を強引に推し進めた結果、暴走したという点で共通している。

「ジャーナリズムの鉄則」は基本中の基本である。繰り返すが、「提示された『事実』の裏付けをとり、裏付けがとれたなら、公益性があるか判断するためその事実に社会的な文脈を与え、そして取材対象者に反論の機会を与える」ということだ。この鉄則を忠実に愚直に実行し、公正な取材と執筆をしていたのなら、朝日新聞問題は未然に防げたのではないだろうか。

## とまらない植村氏へのバッシング

一連の朝日新聞問題の最後として、週刊誌などに「捏造記者」といわれ、不当な個人攻撃を受けている元朝日新聞記者の植村隆氏についてふれたい。紆余曲折を経て、韓国カトリック大学客員教授をしている。

2014年4月に神戸松蔭女子学院大学（神戸市）の教授に就任予定だったが、『週刊文春』14年2月6日号に「〝慰安婦捏造〞朝日新聞記者がお嬢様女子大教授に」との記事が載せられたことで、大学への抗議電話やメールが殺到。「街宣活動をする」という脅しの電話などもあったことから、雇用契約が解消されることになった。しかし、植村氏は同大への採用が内定したことで、朝日新聞をすでに退職していた。

公開していない自宅の電話番号がネットに載せられ、匿名の人物から嫌がらせの電話がかかるようになった。高校生の長女の写真も実名入りでネット上にさらされ、「自殺するまで追い込むしかない」「日本から、出ていってほしい」と書き込まれた。

ちなみに植村氏は朝日記者時代の1991年8月、韓国人元慰安婦の証言を韓国メディアにも先駆けてスクープ（1991年8月11日朝刊・大阪本社版）。右派系論客らから人身売買にもかかわらず強制連行されたかのように書いたなどと批判されていた。同氏の妻は韓国人でもある。

異様としかいいようのない個人攻撃は途切れることなくつづいた。植村氏が非常勤講師を務める北星学園大学（札幌市）に14年5月と7月、退職を要求する脅迫文が届いた。「元記者を辞めさせなければ天誅として学生を痛めつける」「釘を混ぜたガスボンベを爆発させる」などと書かれていた。学生を「人質」にとっての脅迫は、卑劣きわまりなかった。

北星学園大学も一時、植村氏を解雇する方向に傾いた。しかし、札幌市内の女性が9月から応援メールを送る運動をはじめ、8月までは抗議メールが圧倒的に多かったが、9月以降は逆転して激励メールがはるかに多くなった。10月には学者や弁護士、ジャーナリストらが同大を支援する「負けるな北星！の会」を結成した。このようなことがあり、12月には学長が記者会見を開き、植村氏の次年度の契約更新を発表した。

その後、植村氏は文藝春秋などを相手取り、東京地裁に名誉棄損訴訟を起こすことになる。第1回口頭弁論が15年4月にあり、植村氏は「『捏造』とは、事実でないことを事実のようにこしらえることで、でっちあげることです。『捏造記者』と言われることは、新聞記者にとって『死刑判決』に等しいものです。記者が本当に『捏造』したら、すぐにも懲戒免職です。もちろん私は、捏造などしていませんし、懲戒免職にもなっていません」と、「捏造」と書かれることの理不尽さを訴えた。

植村氏と家族をバッシングする言葉として「反日」「売国」「国賊」という言葉が平然と躍る。こうした文字をみて、私は1987年5月3日夜に起こった朝日新聞阪神支局襲撃事件を思いださずにはいられなかった。

目出し帽をかぶった黒装束の男が、兵庫県西宮市にある阪神支局編集室に押し入り散弾銃を発射。当時29歳の小尻知博記者を殺害し、42歳の犬飼兵衛記者に大けがを負わせた。小尻記者と植村氏は奇しくも朝日新聞の同期入社である。

私は85年4月から86年3月までの1年間、この支局に勤務し、小尻記者や犬飼記者と机を並べていた。小尻記者は尼崎市の警察、私はその隣町の西宮市と芦屋市の警察を、駆け出し記者として回っていた。

当時、大阪本社に転勤していた私は、たまたま事件当日の昼間に阪神支局を訪れ、小尻記者と話していた。新聞休刊日でもあり、支局ですき焼きを食べようと誘われたが、まだ時間が早かったため、私は帰宅した。その数時間後に事件が起きたのである。事件発生直後にポケットベルが鳴り、私も現場に急行し取材にあたった。深夜、収容先の病院で小尻記者の死を告げられたときの衝撃と悔しさは忘れられない。

この阪神支局襲撃事件では赤報隊を名乗る者から「反日朝日は50年前にかえれ」と書かれた犯行声明が届けられた。朝日の慰安婦報道をめぐっても「反日」という言葉が飛び交う。朝日の阪神支局事件と慰安婦報道、植村氏とその家族への集中砲火の底流には、同質のものが流れているように思えてならない。

小尻記者、犬飼記者、植村氏ともに、いわれのない犠牲者という点で共通しているのではないか。小尻記者は死亡、犬飼記者は2本の指を失い、身体には散弾銃の多数の鉛の弾が残る。植村氏は身体に危害こそ受けていないものの、精神的にはズタズタになった。

植村氏は17年2月、韓国から一時帰国し、沖縄米軍基地への反対運動「辺野古座り込み」集会に参加した。それを聞きつけた『週刊新潮』が17年3月2日号で「今度は沖縄基地問題に食指が動いているようだが、その論理、メチャクチャです」などと植村氏を批判した。

いまも植村氏へのバッシングがつづく。

# 第4章 新聞の嘘を見抜く読み方

## 摩訶不思議な読売のTPP報道

ドナルド・トランプ米大統領は就任3日後の2017年1月23日に環太平洋経済連携協定（TPP）から「永久に離脱する」とした大統領令に署名。世界経済の4割を占める巨大貿易圏構想はトランプ政権下では絶望的になった。

これまでの騒ぎは何だったのか。私はTPP交渉をめぐる報道を克明に追っていたこともあり、無力感に襲われた。交渉を担った甘利明・経済再生担当相はほぼ1年前の16年1月、『週刊文春』が報じた金銭授受疑惑の責任をとって担当相を辞任。いまから思えば、「私の政治家としての、生き様に反します」と啖呵を切った、あの芝居じみた辞任劇が、TPPからの米国の離脱を暗示していたのかもしれない。

TPP報道をめぐり、もっとも印象に残っていることを話す。

バラク・オバマ氏が大統領の時代だ。日米首脳会談にのぞむオバマ大統領が2014年4月23日夜、羽田空港に到着した。2泊3日の日程で、米大統領として18年ぶりの国賓としての来日だった。焦点となったのは、TPPの最終調整と尖閣諸島への日米安全保障条約の適用の是非の2点だった。

前者のTPP交渉は難航、共同声明の公表を首脳会談の直後ではなく、翌日に回すという異例の「延長戦」に持ち込んで協議をつづけたものの、日米合意は見送られることになった。双方の歩み寄りが実現せず、残念ながら合意できなかった。

にもかかわらず、読売新聞は2014年4月25日夕刊で「TPP実質合意」と1面トップで報じたのである。朝日と毎日、日経新聞は同日夕刊で「TPP合意に至らず」と伝えているので、真逆だ。日米首脳会談という舞台で「実質合意」と「合意に至らず」に分かれる報道は異例で、そして奇妙だ。読売の誤報なのか、それとも。いずれかが結果として嘘をついたことになる。

当の甘利担当相は「大筋合意できなかった」とはっきりといっている。百歩譲って読売新聞の報道が正しいとすれば、交渉の舞台裏はそうはなっていないということだ。東京新聞は同日の25日夕刊で「日米TPP『道筋特定』／共同声明米に事実上、譲歩」との見出しにし、読売新聞よりはトーンが弱いものの事実上の譲歩を伝えている。

東京は「日本は安全保障分野で配慮を受ける代わりに、TPPで米国に譲るという筋違いの取引をしたことになる」と明言、「共同声明の表現は日本側が考えていた『前進している』などの抽象的なものではなく『道筋を特定』と絞り込まれた。米側の意向が反映され、今後の交渉で主導権を握られる可能性は高い」と読み解いていた。

この解説を読むと、読売の報道が当たっているかもしれないと思えてくる。当時の読売の日米関係の報道は好調だった。オバマ大統領が来日する日の4月23日朝刊で、大統領への単独書面インタビューを掲載するというスクープを放っている。13年11月にはキャロライン・ケネディ駐日米大使とも就任後初めての単独会見に成功している。ケネディ氏はよく知られるように1963年に暗殺されたジョン・F・ケネディ元大統領の長女で、08年の大統領選でオバマ氏の当選に貢献しており、大統領とたいへん親しい間柄だ。このような背景を考えると、読売新聞は米国側の特別なルートから情報を得ているのかもしれない。

毎日新聞はこの摩訶不思議な報道についてコラム「風知草」で、「日米首脳会談の報道合戦で最大の話題は読売新聞の25日夕刊だった。……1面トップの大見出しが180度正反対という珍しい展開。両政府とも明確な説明を避けており、真相はヤブの中である」（2014年4月28日朝刊）と、さっそく反応していた。

TPP報道をめぐっての14年4月26日朝刊をみてみると、各紙がそれぞれの見立てにそって、たとえば朝日は「TPP妥結見通せず」、日経は「進展も合意届かず」などと報じ、読売はあくまでも強気に「日米実質合意／TPP妥結へ期待」とし、「合意」の線をゆずらなかった。ちなみに日米首脳会談の成果をまとめた共同声明には「前進する道筋を特定した」という言葉が盛り込まれている。

この報道には前段があり、読売は4月20日朝刊の1面トップでも「牛肉関税『9％以上』／TPP日米歩み寄り」との見出しで独自に報じていた。また、共同通信は「コメや麦の関税を維持する見通し」（16日）と配信した。

こうしたTPP交渉をめぐる報道に対し、TPP政府対策本部の渋谷和久内閣審議官が21日の記者会見で、新聞、通信、テレビ各社に報道を見直すように異例の要請を行っていた。毎日新聞22日朝刊によると、報道により米国が不信感を抱き協議に支障をきたしているとし、さらに報道機関（読売、共同、TBSの3社）を名指ししたうえで「積み重ねたガラス細工が報道で壊れた」と批判した。

小泉進次郎内閣府兼復興政務官は22日の参院外交防衛委員会で「読売新聞が甘利明担当相への取材について『事実上、出入り禁止の形になっている』」とした。一連の出来事で読売記者は甘利氏への取材ができなくなっているようだ。

4月25日夕刊、26日朝刊とつづく読売のTPP紙面は、こうした波紋が広がるなかでの報道で、渋谷審議官の要請を無視するものとなった。しかし、読売が確かな情報をつかんでいるのなら、報道機関としてニュースにするのは当然であろう。

読売新聞はさらに5月2日朝刊の1面トップで「5項目 前夜には決着／声明、表現だけ保留」との見出しをとり、4面で「政治の現場検証TPP」という連載までをはじめた。記事では政府筋との取材のやりとりを詳細に描き、確かな情報にもとづくものだと自らの報道を検証した。フロマン米通商代表部代表が「数字は外に出すべきでない」とした点についても具体的に記し、安倍官邸では菅義偉官房長官が主導して、事務方に「数字は絶対に漏らすな」と箝口令《かんこうれい》を敷いたという。

読売は舞台裏をさらけだし、自らの報道の正当性を訴えた。しかしながら、のちに判明したのだが、この時点では日米合意にはいたっていなかった。読売の大誤報であった。読売はこれら一連のTPP報道について明確な訂正はしていない。

## 強いトーンの見出しに注意

株価の動きを的確に解説するのは難しい。もしそれができる新聞があれば、その新聞を読んでいれば投資家は大儲けできるわけだ。それが無理なことは分かっているが、複数の新聞を読み比べていると、これは明らかにおかしいなと思う報道に接することがある。

たとえば、第2次安倍晋三政権が発足してほぼ5ヵ月後、2013年5月23日の東京株式市場で、株が大きく値を下げた。この事態をどうとらえればいいのか、経済記者の腕のみせどころだ。「短期的な下落（一時的な調整）」で、いずれ株価はもち直すのか。それとも「潮目の変化」で、このまま株価は下がりつづけるのか。このあたりが気になるところだ。後者ならば、アベノミクスは政権誕生から半年もしないうちに失速したことになる。

朝日新聞（２０１３年5月24日朝刊）が、待ってましたとばかりに、もっとも強く反応した。１面トップにし「東証暴落　１１４３円安」という黒地に白抜きの横カット。しかも紙面のほぼ左右いっぱいの大きさだ。これは超特大のニュースを報じるときの扱いだ。朝日の読者は「暴落」という大見出しに目が釘づけになったのではないか。

本記前文で「安倍政権の経済政策『アベノミクス』への期待で続いてきた株高・円安相場のもろさが表面化した」とし、「金融緩和偏重の『アベノミクス』を修正し、金融緩和のペースを落とす必要があるのではないか」とする編集委員の解説記事を載せた。この紙面から受ける印象は、アベノミクスはいよいよ危ないぞという「潮目の変化」である。

同日の読売新聞は、１面トップにしたものの４段見出しという抑えた扱いで、「株急落１１４３円安」とした。「暴落」とはせず、「急落」としている。１面本記は事実関係だけを伝え、論評は加えていない。３面で「一時的な調整か、それとも潮目の変化なのか、市場の見方は分かれている」と、中立的なスタンスで淡々とした書きぶりだ。

日経新聞はやはり１面トップであるが、５段見出しと読売と同様に小振りな扱いだ。主見出しを「過熱警戒の売り増幅」、脇見出しを「一時的調整の声」とした。１面の本記前文は「市場では中長期的な株高基調は崩れていないとの見方が多い一方、当面は波乱が続くとの指摘もある」と、決めつけずに二つの見立てを書いている。「一時的調整の声」という見出しと、「中長期的な株高基調は崩れていない」との記述から、日経の読者は今回の株価の動きは「短期的な下落」で収まりそうと考えることだろう。

以上のように、この日の3紙は、朝日が「潮目の変化」、読売が「中立」、日経が「短期的な下落」と分かれた。三つの紙面を比較したとき、読売や日経は慎重で冷静な書きぶりであるにもかかわらず、朝日は「暴落」と1面で打ち、2面前文では「暗雲がたちこめている」などという言葉を使い、アベノミクスがあたかも破綻したかのようにセンセーショナルに報じた。これはやりすぎじゃないかと、頭をかしげてしまう。

3紙とも下落した原因を専門家らの話からまとめたが、内容はほぼ変わらないものだった。にもかかわらず、「アベノミクス」への評価はぜんぜん違う。朝日と日経では正反対である。読売は中立的だが、中面も含めると「アベ相場少休止」「株『一時調整』の見方」などの見出しをとっており、日経寄りである。

同じデータを使い、同じような下落原因の分析をしているのに、どうして評価が分かれ、違う見解になっていくのだろうか。アベノミクスにそもそも反対である朝日は、さしたる根拠がないなか、強引に紙面をつくったといえるのではないか。それが証拠に日経の見立てどおりに一時的な調整で収まった。

それどころか、この年の年内最後の取引（大納会）となった13年12月30日の東京株式市場は、日経平均株価（225種類）が9日連続で上昇し、田中角栄政権が「列島改造論」を打ちだした1972年以来、41年ぶりの伸び率を記録した。東京金融市場では円が売られ、34年ぶりの下落率となった。株価が13年の最高値を塗りかえ、円が13年の最安値をつけたのである。安倍政権が誕生して1年、記録的な「株高・円安」相場によって13年を終えることになった。

ここでの事例も新聞を読み比べることで、嘘が鮮やかに浮かびあがる。「暴落」とした新聞は確たる根拠を示さず、事実と論評をごちゃ混ぜにして読者をミスリードしているのが分かる。戦争が勃発したかのような、黒地に白抜きの大振りの横カットにも読者はたいへんなことになったと誘導されていく。投資家がこの新聞だけしかみなかったら、株を大量に放出し、さらに株価は下がったかもしれない。しかし、ほかの複数の新聞が冷静だったため、そのようなことは起こらなかった。

特大のカットに加え、「暴落」「暗雲がたちこめている」といった強いトーンの見出しは、感情に訴える扇情的なもので、読者は「ちょっと待てよ」と立ち止まる必要がある。新聞はときとして戦前の戦争報道を思わすような感情的な紙面をつくることがある。日頃から批判的に新聞を読むことで、こうした新聞の紙面構成（顔）を一瞥しただけで違和感を覚えるようになってくる。

## 断定調の報道で誘導

「消費増税の延期」や「衆院解散」は、特大のニュースである。新聞記者は少しでも早く情報をつかもうとやっきになり、しのぎを削る。その過程で、さまざまな見出しや扱いで、記事が書かれることになる。

２０１６年３月、安倍晋三首相は17年４月の消費税率10％への引き上げを延期し、夏の参院選に合わせて衆院を解散、「衆参同日選」に踏み切るのではないか。こんな観測が与党内で強まっていた。

国内消費が低迷、世界経済も減速しており、増税は想定外の景気悪化を招く恐れがある。増税を先送りする場合、首相はダブル選の選択肢も手にできる。増税のリスクとダブル選のリスクのどちらを取るのが正解なのだろうか、ここは思案のしどころであろう。

安倍首相は消費増税の判断材料の一つにしようとして、国内外の経済の専門家と話し合う「国際金融経済分析会合」を３月に開催した。14年11月に消費増税を見合わせ、衆院を解散したときも、同様の有識者会議を開いている。

米コロンビア大学のジョセフ・スティグリッツ教授は「世界経済は『大きな低迷』の状況だ。２０１６年は金融危機以降で最悪だった15年より、さらに弱体化するだろう」と見立て、「今は消費増税のタイミングではない」と増税の再延期を進言した。

ニューヨーク市立大学のポール・クルーグマン教授は3月22日の会合で、消費増税の先送りに加えて「財政を出動させ、金融政策を支援する具体的な後押しが必要だ」と主張した。マイナス金利政策については「良い政策だが効果は限られており万能薬ではない」とした。

スティグリッツ氏とクルーグマン氏はともにノーベル経済学賞を受賞している著名な経済学者である。この両氏がそろって消費増税に懐疑的な考えを示した。ただ、2人はかねてから増税には慎重な立場で、想定内の発言でもあった。クルーグマン氏は14年11月にも安倍首相に招かれ、今回と同様のアドバイスをしている。

消費増税の必要性を説く、ハーバード大学のデール・ジョルゲンソン教授も有識者会議のメンバーにはなっているが、知名度の差もあり、同氏の意見が大きく報じられることはなかった。このようなこともあり、両氏を官邸に招待すること自体が、安倍政権のいわば出来レースで、消費増税を再延期するための「地ならし」ではないか、とする観測や臆測を呼ぶことになった。

首相本人はかねてから「リーマン・ショック、大震災級の事態にならない限り消費税を引き上げていく」と明言している。しかし、その一方で判断材料の一つとして「世界経済の大幅な収縮」という言葉を使うようにもなっており、真意をはかりかねる状況だった。

そのようななか、読売新聞が3月18日朝刊の1面トップで、「消費増税先送り検討／首相　経済減速に配慮／衆参同日選も視野」との見出しを打ち、「首相は増税を先送りする場合、衆院を解散し、7月10日投開票の日程で『衆参同日選』に踏み切ることも視野に入れている」と報じた。1面のほかにも2面、3面、政治面、経済面の計5個面を使っての大展開をしており、ダブル選はともかく消費増税先送りは「決まりだな」と思わす紙面づくりをした。

朝日新聞は読売を追いかけるようにして、翌3月19日朝刊の4面で「広がる増税延期論／同日選視野　与党に容認の声」との見出しで報じ、「首相に助言する経済学者らから『延期論』が相次いでいるためだ。ただ、延期すれば社会保障の充実や財政再建も遠のくことになる」と指摘した。しかし、読売が1面トップをふくむ複数面に関連記事を載せるなどインパクトのある紙面をつくったのに対し、朝日は4面でのおっかなびっくりとした扱いだった。

東京新聞は19日朝刊の1面トップで「首相再延期を検討」と大きく報じた。安倍首相が18日の参院予算委員会で「消費に力強さがない。世界経済が不透明さを増している。経済が失速しては元も子もなくなる」と述べており、この言葉に強く反応しての紙面づくりだった。

日経新聞（1面カタ）は「『経済失速、元も子もない』／首相、消費増税延期に含み」、毎日新聞（5面）は「『増税延期』公然化」、産経新聞（5面）は「日増しに強まる解散風」とし、抑えたトーンで報じていた。

読売新聞もふくめてどの新聞も断定はしていない。しかし、読売や東京のように1面トップで扱えば、「断定」しているようにみえる。発信元の新聞社はそうした効果を見越して「断定」調の報道をしているのである。これはいわば新聞づくりの常道で、暗黙の了解と考えていいだろう。現にこうした報道で「方向づけされる」、別の言葉でいえば「流れができる」ことは、珍しいことではない。

衆参ダブル選は16年の最大の政治イベントといわれたが、結果的に衆院は解散されずに消費増税の先送りだけがされた。読売新聞がリードするかたちで、増税先送りの流れができていった。増税先送りと衆院解散をセットで報じれば、政治記事としては確かに面白い。政治ショーとして安倍官邸が考えたとも、新聞が扇動したともとれるが、両者がくんずほぐれつのカーチェイス（車の追跡劇と逃走劇）を演じたとみるのが自然に思える。

いずれにせよ、このレースの口火を切ったのは政権に近いメディアで、見方によれば政権に忖度したともいえないか。

## 新聞には「見立て」の記事があふれている

消費増税の延期報道でカーチェイスの脇役を演じた朝日新聞は、2016年3月21日朝刊の1面カタで再び「自民に増税先送り論／執行部、同日選に言及も」との見出しで伝えた。19日朝刊の見出しは、先述したように「広がる増税延期論／同日選視野与党に容認の声」だった。同じことを繰り返しているだけだ。しかも1面トップにはせずに、1面の2番手であるカタの扱いだ。

19日朝刊は4面で報じており、新聞づくりの常道からすれば、これはしっかりと判断して伝えたとは解されない。このため再び21日朝刊の1面で繰り返し報じることにしたが、1面トップにはしていない。

どうも煮え切らない。それが証拠に1面トップにした記事は「18歳をあるく」という企画記事で、この日にどうしても入れなければならないニュースバリューの高い記事ではない。状況証拠は「増税延期。衆参同日選視野」なのだが、読売や東京のような「確信」をもって1面トップにするという判断が下せていない。

これはどういうことなのだろうか。しっかりと書くなら書く、書けないならお茶を濁さずに毎日や産経のように無理には書かない。そうしないと、読者は右往左往してしまう。

モヤモヤとした気分でいると、なるほどと思える言葉に行き当たった。

朝日新聞は3月23日朝刊に紙面審議会での委員の発言を掲載。文芸評論家の斎藤美奈子氏が「私は朝日新聞の基本的な報道姿勢は支持しているが、『ぬるい』『おそい』『おとなしい』『慎重すぎる』『扱いが小さすぎる』と思うことはよくある。もっと大胆に主張してほしい。見出しも、記事の本質をとらえ、さらに読者の目を引く工夫をしてほしい」と述べていた。

衆参同日選をめぐる、まさに今回の報道が、斎藤氏がいうことズバリの紙面だった。恐ろしいほどに符合している。斎藤氏は審議委員になって丸3年、新聞をよく読んでいるなと感心すると同時に、同じことを感じているのだと思った。

私が記憶するかぎり、かつての朝日はこのような新聞ではなく、自信をもって自らの見方や考えを打ちだしていた。安倍政権の誕生後、急速に変わっていっていることが改めてよく分かった。

先述したように株価が大きく下がった際、戦争勃発を思わせるような「暴落」との大見出しを掲げ、結果的に誤報ともとれる報道をしている。チグハグなのである。

そうこうしていると、朝日は3月26日朝刊の1面トップで、「首相、消費増税先送り検討／サミット前後判断か」との記事を掲載した。それまで自信なげに「広がる増税延期論」や「自民に増税先送り論」と言葉の末尾に「論」とつけて逃げていたが、ようやくそれを外した。読売の3月18日朝刊の特ダネ以降、他紙をみると、東京は翌日紙面の1面トップですぐに追いかけ、それ以外の新聞はジタバタしていない。朝日だけが「論」などという言葉を使って、中途半端に迷走する結果になった。

ニュースには決まったことを報じるものと、こうなるのではないかという見立てを伝えるものがある。前者は安心して読めばいいが、後者は「当たるも八卦、当たらぬも八卦」である。新聞には後者の記事があふれていることを知るべきである。そのなかには角度の高い見立てもあれば、そうでない見立てもある。記事を読む際、決定事項を報じているのか、見立てを伝えているのかを確認する必要がある。政治報道、事件報道、経済報道を読むときは、これがとりわけ重要である。

## フレームアップという「クセ」

消費増税先送りにかかわる報道を別の角度からみてみる。

日本銀行の黒田東彦総裁による大胆な金融緩和策が導入されてから、2016年4月4日で丸3年が過ぎた。日銀が、金融機関が保有する国債などを大量購入し、世の中に流通するお金の量を2年で倍増させるアベノミクスのベースをなす政策だ。その規模の大きさから「異次元緩和」とも呼ばれた。

人々に「物価は上がる」という期待や予想を抱かせて投資や消費を促す手法で、13年4月に幕を開いた。当初は円安と株高が進んだため、「アベノミクスが成功している」との声を多く耳にした。だが、日銀が緩和期限を先に延ばし、新たな有効策を打ちださないなか、緩和にともなう副作用が目立ちはじめた。実質賃金は伸びずに消費が低迷、日銀が2年程度で達成するとした「物価上昇率2％」の目標にはほど遠い状況がつづいていた。

円安と株高は大企業や富裕な個人投資家に大きな恩恵をもたらせたが、中小企業や一般の人々にはおよばず、格差を助長することになった。潤沢な富が滴《したた》り落ちるように広がる「トリクルダウン」は、絵に描いた餅になったといえる。勝ち組が勝ちつづける「アベノミクス劇場」。これが多くの人々が抱く、偽らざる実感ではないだろうか。

在京6紙は「異次元緩和3年」をめぐっての記事を4月5日朝刊に載せた。産経新聞だけが1面で扱ったが、ほかの新聞は中面で報じた。かねてから在京紙の論調は二極化する傾向が強いのだが、金融緩和策の評価については見事に一致した。見出しをたどるだけでも一目瞭然だ。

読売新聞＝物価2％上昇 道険し／原油安、消費低迷足かせ

産経新聞＝脱デフレ出口見えず
日経新聞＝しぼむ物価上昇期待／日銀、見通し下げ検討
朝日新聞＝黒田緩和3年 上がらぬ物価／「ショック療法頼み限界」
毎日新聞＝黒田緩和 誤算の3年／賃上げ停滞 消費伸びず
東京新聞＝金融頼み　政策に限界

読売、産経、日経新聞は日頃から安倍政権に好意的なメディアだ。にもかかわらず、「道険し」「出口見えず」「しぼむ」などの否定的な言葉を使った。一方、朝日、毎日、東京新聞は批判的なメディアで「上がらぬ」「誤算」「限界」という、さらに厳しい表現を用いた。

消費増税の判断期限を控え、日本経済の窮状を訴える記事が目白押しだ。これだけ否定的な言葉が並べば、消費増税をすればさらに景気が冷え込んでたいへんなことになる、という心理状態に陥っていかないか。

利益を得た企業は設備投資をしたり賃金を上げたりするのではなく、資金を抱え込んだ。これでは一般の人々の消費が伸びるはずがない。企業が利益還元しないのは20年にもおよぶデフレを経験し、資金を持ちだすことにある種の恐怖を感じているからではないか。消

費者も同じような状況で、お金を使わずに貯蓄に回す傾向がある。これは企業の内部留保額や個人の貯蓄額を表すデータでも示されている。

稼いだお金を安心して使えないという状況になったのは、安倍政権が悪いだけではなく、その前の民主党（現、民進党）政権時代にもさかのぼり、政治が劣化しているという証左ではないか。有り体にいえば、政府の政策や振る舞いが信用されていないのである。

経済動向と密接にリンクする、消費増税はどうなるのであろうか。

自民党は13年7月の参院選で圧勝した。そのときの選挙公約が「消費税について全額、社会保障に使います」とし、安倍首相は同年10月に消費税率を5％から8％に引き上げることを決断、翌14年4月に8％にした。そして同年11月には10％への引き上げの1年半の延期を決め、衆院解散に打ってでた。

首相はこのとき、「再び延期することはない。はっきりと断言します。17年4月の引き上げは景気判断条項を付すことなく、確実に実施します」（11月18日の記者会見）と、「断言」「確実」という強い言葉を使って大見得を切っている。さらに衆院選の公約にも同様のことを盛り込んだ。こうして自民党は14年12月の衆院選で圧勝することになったのである。

しかしながら、15年に入り、安倍首相の消費増税をめぐっての物言いが変化しはじめる。

「消費税率引き上げで逆に経済がガクンと減速し、結果として税収が上がらない状況を作るのであればまったく意味がない」(2月19日の衆院予算委員会)。「世界経済の大幅な収縮が実際に起こっているのか、専門的な見地の分析も踏まえ、その時の政治判断で決める」(2月24日の衆院財務金融委員会)とした。

消費増税の判断を下す16年になり、首相は3月に米国の著名な経済学者らの見解を聞いた。軽減税率導入を盛り込んだ税制改正関連法の成立後、「引き上げを延期するかどうかは、専門的な見地からの分析も踏まえてその時の政治判断で決定すべきものだ」(4月1日のワシントンでの記者団への発言)と繰り返し述べることになる。

ざっと消費税をめぐる首相発言と自民党の選挙公約をたどった(朝日新聞2016年4月5日朝刊の一覧表を参考にした)。

「再び延期することはない」と発言し、公約もしておきながら、時が過ぎると「その時の政治判断で決める」と変遷させていることが、手に取るように分かる。政治報道はこのような発言があるたびに段を立てて見出しを取り、大きく報じる。読者は「延期することはない」「政治判断で決める」などのフレーズを繰り返し刷り込まれることになり、上書きされるように新しい発言が既成事実化していく。安倍首相や政権はこうしたメディアの習性を熟知し、利用するという狡知ともいえる手法を取っているといえる。

前言を翻しているのだから、政治家は十分な説明とそれ相応の責任を取らなければならないのだが、安倍首相がしっかりと説明したり、責任を明確化したりしたことがあっただろうか。安保政策しかり、経済政策しかり……。

日々の報道、とりわけストレートニュースは大きな政治の流れを踏まえてのものではなく、首相が発したひと言を、別の言葉でいえば断片を、フレームアップするというある種の「クセ」がある。それを十分に知ったうえで書いたり読んだりしないと、単に政権の「決断ドラマ」に乗せられ、踊らされるだけになろう。残念ながら、ずっとこれを繰り返しているのである。

### 相模原障害者殺傷事件をめぐって

本章では主に経済にかかわる報道について述べてきた。ここでは実名・匿名報道をテーマとしたい。近年のプライバシー意識の向上とともに、事件・事故などの被害者の名前が非公表になるケースが増えてきた。

新聞は長らく実名報道を原則とし、いまでもそれは変わらない。人格の一部ともいえる実名を記号化するのではなく、生身の人間の生きざまや人柄を伝え、事件・事故の悲惨さを報じるとともに再発防止を考えたいという思いからだ。もちろん、性犯罪などケースによれば匿名がふさわしいものもある。

匿名にすることによって、取材が甘くなるという弊害もある。同時に加害者もふくめて匿名化が常態化すると警察の取り調べも杜撰《ずさん》なものになるように思える。匿名の人を特定していくのは時間がかかり、捜査当局の不当な捜査や取り調べを監視することが格段に難しくなる。結果として報じるべきものが報じられなかったり、誤報となったりする弊害が生じる。

障害者が大量に刺殺されるという戦後最悪の殺人事件を例に、どのような姿勢で報道すべきなのか考えてみる。

2016年7月26日午前2時45分ごろ、神奈川県相模原市緑区千木良《ちぎら》の知的障害者施設「津久井やまゆり園」に刃物をもった男が侵入、重度の障害者を次々と刺し、19人が死亡し26人が重軽傷を負った。男は同施設の元職員、植松聖《さとし》容疑者（26）で、午後3時すぎに津久井署に「私がやりました」と出頭した。

亡くなったのはいずれも入所者で、41～67歳の男性9人と、19～70歳の女性10人。寝込んでいた無抵抗な障害者を、50分間に45人も襲った。報道によると、すべての犠牲者は上半身を刺され、17人が首に致命傷を負っていたという。異常としかいいようのない犯行だ。

植松容疑者は県警の調べに対して容疑を認め、「障害者なんていなくなればいい」と話している。容疑者は同年2月15日、衆院議長公邸を訪ね、土下座して頼み込んだ末に、大島理森議長宛ての手紙を渡していた。

「私は障害者総勢470名を抹殺することができます」「障害者は人間としてではなく、動物として生活を過し（原文ママ）ております。車イスに一生縛られている気の毒な利用者も多く……私の目標は重複障害者の方が家庭内での生活、及び社会的活動が極めて困難な場合、保護者の同意を得て安楽死できる世界です」と手紙に記されていた。

命に優劣をつけ、心身障害者約20万人を殺害したヒトラーの優生思想を想起させる文言で、慄然とする。植松容疑者は「ヒトラーの思想が2週間前に降りてきた」と発言していたという。

12年12月から同施設に勤務していたが、16年2月18日、施設関係者に「重度障害者の大量殺人は、日本国の指示があれば、いつでも実行できる」と意味不明のことを話したため、施設は翌19日に退職願を提出させた。市は精神保健福祉法にもとづいて植松容疑者を措置入院させた。入院中の検査では大麻使用も判明したが、その後症状が改善されたとして医師の判断で3月2日に退院させていた。

そして犯行におよぶのだが、衆院議長宛ての手紙にもどると、「作戦内容」として「見守り職員は結束バンドで見動き（ママ）、外部と連絡をとれなくします」「2つの園260

名を抹殺した後は自首します」としたうえで、「逮捕後の監禁は最長で2年までとし、その後は自由な人生を送らせてください。心神喪失による無罪。……美容整形による一般社会への擬態。／金銭的支援5億円」と、身勝手きわまりない要求をしている。

在京紙はこの殺害事件を7月26日夕刊で一報、1面に特大の見出しを掲げたのはいうまでもない。しかし、犠牲者の実名は報じられなかった。毎日新聞が27日朝刊に素早く掲載した、重度の知的障害をともなう自閉症の子どもをもつ論説委員の記事が目を引いた。

「わが国の知的障害者をめぐる状況はこの15年で大きく変わってきた」として実例を挙げて説明したうえで、なおその陰で「福祉業界は慢性的な人手不足となっており、質の高い職員の確保に苦労している施設は多い」「毎年多数の虐待通報が自治体に寄せられている。……障害者へのゆがんだ価値観や自らの精神的な弱さを抱えた人が福祉現場に職を求めてくるのをチェックするだけの余裕がないのも事実だ」と、説得力のある解説をしていた。

## 障害者の実名は隠したほうがいいのか

多くの人は15年前の2001年、小学校低学年の8人が犠牲になった大阪教育大附属池田小児童殺傷事件を連想したのではないか。このときも男が逃げ惑う児童を刃物で次々と殺傷していった。

産経新聞2016年7月27日朝刊はこの事件に言及。「『精神安定剤依存症』の診断で措置入院となっていたが、男は約1ヵ月で退院し、直後に池田小事件を起こしていた」とした。相模原での殺害事件も措置入院後まもない凶行で、共通点がある。措置入院の有り様についても問題提起されることになった。

今回の事件では神奈川県警が犠牲者を匿名とすることにし、「本来は実名だが、色々な障害を持った人たちの施設で、ご遺族の意思もあり、警察本部としてこの方向でいく」と説明した。

しかし、「実名」は人格の一部である。容疑者が「安楽死」を叫ぶなか、障害者が「記号」化されていいのだろうか。守るために隠した方がいいのか、それとも明示した方がいいのか、たいへん悩ましい問題に直面することになった。

読売新聞が7月28日朝刊という早い段階でこの問題にフォーカスを当て、「実名公表が原則」とする立教大学名誉教授の服部孝章氏の談話を掲載。「警察は原則、被害者の実名を公表すべきだ。報道機関は実名を基に手厚い取材ができ、事件が起きた原因究明や検証にもつなげられる。警察は実名を公表した上で、実名か匿名で報じるかは各報道機関の判断に委ねるべきではないか」「大切な家族を失った遺族の思いを社会に伝えることの公益性は高い。警察が被害者の氏名を伏せることでその妨げをしてはならず、『遺族感情』『個人情報』を理由に、安易に匿名とすることは許されない」と説いた。

毎日新聞は7月29日朝刊で、重度の知的障害がある娘をもつ東京都文京区の海津敦子区議を取材。非公表について「障害者を差別しているように感じる。一人一人に人生があり、家族にとって『死んではいけない人だった』ことを社会に伝えることが必要だ。(当事者・家族の声が伝わらないと)容疑者の言い分を肯定しかねない」と、その考えを伝えた。

産経新聞は同29日朝刊に「なぜ実名発表を求めるのか」とする社説(主張)を構え、「報道側が求めているのは実名報道ではなく、実名の開示である。実名は取材の起点として不可欠なもので、実名を報道するか否かは取材の結果で決める。まず取材がなければ、真実へは一歩も近づくことができない」と訴えた。

朝日新聞は7月28日夕刊で、事件で大けがをした野口貴子さん(45)と両親を実名で報じた。施設に入所していた「貴子さんは、首の後ろを4ヵ所刺されて重傷を負っていた……重度の障害でコミュニケーションを取るのは困難だが、運動会などの行事には楽しんで参加していたという。水泳が好きで、江の島の方に泳ぎに連れて行ったこともある」とし、父親の宣之さん(76)は「我々はいま、どん底です」と語り、母親の輝子さん(76)は容疑者が「障害者なんていなくなればいい」と話していることについて「とんでもない。許せない」と涙をにじませたという。

朝日新聞は引きつづき7月30日朝刊で、胸を刺されて入院中の森真吾さん（51）の両親を再度取材。当初は匿名を希望していたが、父親の正英さん（82）は「息子が生きていてくれただけでいい。恥ずかしいなんて言っていられない。隠してもいられない」といい、実名報道を承諾した。悩んだり、葛藤したりした末に実名報道を許諾する犠牲者家族の姿を等身大で伝える報道は、説得力があった。

報道側の主張と実際の報道姿勢はあらましこのようなものだ。混乱する犠牲者の遺族や関係者を直撃し、負担をかけるのは論外であるが、今回のケースにおいても十分にコミュニケーションを取り、納得してもらったうえで実名報道していくことが求められるのではないか。

## 匿名報道に慣らされている

前厚生労働事務次官の村木厚子氏は、死亡者の実名が報道されていない点に着目、「最も気にかかること」として朝日新聞の「わたしの紙面批評」で次のように述べた。

「社会に差別が根強く残ることの証しであり、障害のある人や家族の苦しみの深さを物語るものでもある。報道機関に実名が提供されてしかるべきだという原則論とは別に考えてほしいことがある」（『朝日新聞』8月24日の『共生への挑戦　沈黙する政治』は、この問題に対する政治の不作為を取り上げた。しかし、内心の差別意識の問題であれば、政治より、意識の形成に大きな力を持つマスコミの責任こそが重いのではないか」（朝日新聞２０１６年10月15日朝刊）。

私もふくめ、多くのジャーナリズム関係者は当局に実名の発表を求め、実名報道するかどうかは報道機関の責任で判断するとしている。これは村木氏がいうように報道側の「原則論」で、実名発表した際、それに耐えうる報道ができるのかという問題がある。

この間、いくつかの目を引く論考や記事があったので、紹介したい。

相模原事件報道にたずさわった毎日新聞社会部町田駐在の森健太郎記者は同紙２０１６年９月14日朝刊「記者の目」で、神奈川県警が被害者の氏名や住所を発表せず「遺族にたどり着くことさえ困難だったが、いかに自分が障害者やその家族が抱えてきた生きづらさに無知だったかを思い知らされた取材でもあった」とし、「親族にすら疎まれた障害者、その存在をオープンにできない家族……。そうした人たちがいる現実に直面した時、『社会に伝えるために実名で報道させてほしい』とはとても言い出せなかった」「事件の実相を伝えるという使命は忘れないが、まず障害者や家族の置かれている事実を理解し、その思いに寄り添っていきたい」と吐露している。

記者１年目の朝日新聞横浜総局の前田朱莉亜記者は同紙10月６日朝刊の「記者有論」で、

匿名発表について同僚記者が「……事件の重さを伝えようという記者の試みが難しくなります」とツイッターに投稿すると、「『そんなことをしなくても事件の重大性は伝わる』と非難が殺到した」と明かした。

この反応に接し、報道側の思いや姿勢と世間の感覚にズレがあるのだろうかと考え込んでしまう。厳しい見方をすれば、報道が「信用されていない」「信頼されていない」ということか。

前田記者はつづける。「それでも被害者のことを伝えたいと思った。……答えの出ないまま、インターホンを押し続けた」。

そして、事件から数日後、匿名を条件に犠牲になった女性（当時60歳）の家族から話を聞き、記事を掲載。その翌日、葬儀に参列し「棺の中でほほえむ小さな顔を見て思った。『この人だけにしかない人生がある。それが理不尽に奪われていいはずがない』。……考えることはたくさんあるが、これからも取材を続けていきたい」と思いを綴った。

重度の自閉症の子の親である毎日新聞論説室の野沢和弘記者は、同紙10月12日朝刊「記者の目」で次のように語った。

「わが子のためにと思っていろんなことをやるが、わが子のためではなく、親が自分の安心感を手に入れたくてやっていることが多い。自分を振り返っていつもそう思う。孤独と疎外感に苦しんだ経験をすると、わが子を預かってくれる相手が神様みたいに見える瞬間がある。認めたくはないが、親の安心と子の幸せは時に背中合わせになることがある」

容疑者が「安楽死させる」という考えにいたったのは「あきれた倒錯ぶりだが、保護者への同情が着想の根幹の一つには違いない。県警が被害者を匿名発表した理由も保護者への配慮である。マスコミの報道も保護者への共感である」

だが、「被害にあったのは保護者ではない。障害のある子の存在を社会的に覆い隠すことが、本質的な保護者の救済になるとも思えない」「障害者福祉の現場は着実に変わっているのに、〈障害者＝不幸〉というステレオタイプの磁場の中に彼らを封じ込めようとしているように思えてならない。／真の被害者が何も言わないから、許されているだけだ」。自身の子が障害をもつ、いわば当事者の実感のこもった文章で深く考えさせられた。

朝日新聞は「あすへの報道審議会」で相模原事件を取り上げ、３人のパブリックエディター（ＰＥ）と編集幹部との議論を10月１日朝刊で報じた。

75歳の高齢の母親と重度身体障害者の50歳の兄がいるという社会活動家の湯浅誠氏は「この事件で当初は『実名報道すべきだ』と思っていた。被害者の方が『消される』感じがしたからだ。今は『時間をかけて実名報道できる環境を整えるべきで、かつその態勢も伝えていく必要がある』という考えに変わっている」と発言したのが印象的だ。

タレントでエッセイストの小島慶子氏は「取材の手法にも触れたい」とし、「記者は遺族の近所で、『（相模原事件で被害に遭った）○○さんのことを知りませんでしたか』と聞いて回っていなかったか。そのしかたによっては、被害者家族のプライバシーが周囲に知られることになってしまわないか」と注意喚起した。

『考える人』編集長の河野通和氏は「現場記者の思いを伝えていくことが大事だ。私は朝日新聞社が実名報道の実現をめざす、『名前を書くことで人権を守る』という姿勢は支持したい」と明言した。

冒頭の村木氏の「わたしの紙面批評」にもどる。「『あすへの報道審議会』の記事にあるように『名前書くことで人権守る』と言うためには、前提となるマスコミへの信頼、何をどう報道してきたかという実績が問われる」とする言葉に、真摯に耳を傾ける必要があろう。

新聞を無造作に読んでいると大きな事件・事故でもないかぎり、実名が入ってないことに意外に気づかないことがある。「こういうことがあったんだ」と次の記事へと読み進めていく。匿名報道が珍しくなくなり、慣らされてきている面もあろう。

しかし、これは要注意である。なぜ、名前が伏せられているのか、立ち止まって考えてほしい。実名・匿名報道の問題については、各紙ともにメディア欄などでよく取り上げるので、関心をもって読むことを薦める。

## 平成の「玉音放送」

宮内庁は2016年8月8日午後3時、天皇陛下が「象徴としての務め」についてのお気持ちを示したビデオメッセージを公表した。82歳の陛下は数年前から高齢にともなう身体の衰えを感じ、「全身全霊をもって象徴の務めを果たしていくことが難しくなるのではないか」と懸念を表明。憲法上の立場から直接的な表現は避けたものの、天皇の位を皇太子に譲る「生前退位」の意向を強くにじませた。あたかも平成天皇の「人間宣言」のようだが、自身の亡き後の皇室像への危機意識もみてとれるものだった。

ビデオメッセージは7日夕、皇居・御所の応接室で収録、約11分にわたった。陛下がビデオメッセージを公表するのは、東日本大震災の2011年3月以来、2回目になる。敗戦時の1945年（昭和20年）にラジオで放送された昭和天皇の「玉音放送」は有名だ。今回の天皇自らが退位を願うその内容の重大性を考えると、「昭和玉音」とならび長く歴史にとどめられる「平成玉音」となるのではないか。

たとえ天皇であっても生身の人間で、人権もある。齢を重ねるなか、どこまで「象徴としての務め」を求めることができるのだろうか。摂政を受け入れずに、譲位をのぞむ陛下の姿は、高齢化社会が織りなす現行の天皇制度のジレンマのようにもとれる。

そもそも陛下が退位の考えをもっていることは、7月13日夜のNHKニュースで報じられ、翌14日朝刊で新聞各紙がそれをいっせいに追いかけ、国民が広く知ることになった。ついで、「お気持ち表明」については7月29日朝にNHKニュースが伝え、同日夕刊で新聞各紙が報じた。いずれもNHKが先んじており、誰かが絵を描いたうえで、陛下の意向に沿うかたちの退位劇を演じようとしているかのようだ。

お気持ちのポイントは、①高齢によって象徴の務めを果たしていくことが難しくなる、②国事行為や象徴としての行為を縮小することには無理がある、③天皇の行為を代行する摂政を置いても天皇に変わりはない、④天皇の健康問題が深刻化した際の社会に与える影響や、皇位継承にともなう諸行事の負担が厳しいものになる、⑤国民の理解を切に願っている――というものだ。

各種世論調査によると、80%を超える国民が退位を認めるべきとしている。たとえば日経新聞8月12日朝刊（9日から11日に調査）では、現在は認められていない退位を「認めるべきだ」は89%にも上った。「認めるべきでない」は4%にとどまっている。

天皇ご夫妻は高齢をおしてフィリピンやパラオなど太平洋戦争の激戦地への慰霊の旅を繰り返し、国内で大きな災害があるたびに被災地を訪問、ひざを折って被災者にていねいに話しかけ、見舞っている。天皇の地位にある以上、おそらくは身体が動くかぎり、この行いをやめることはないであろう。これらの姿をみた国民の率直な反応が、世論調査の結果として表れているのではないか。

ただ、皇室のあり方を定める皇室典範は天皇の退位は認めておらず、摂政を置くとしている。天皇家の歴史をひもとくと、退位による譲位も摂政の設置も決して異例のことではない。

大化の改新のきっかけとなった中大兄皇子らによる「乙巳《いっし》の変」(645年)の際に、35代皇極天皇が譲位して孝徳天皇が誕生したのが初めての例で、その後125代におよぶとされる歴代天皇の約半数は退位している。一方、摂政については33代推古天皇のときに、聖徳太子として知られる厩戸皇子《うまやどのみこ》が就いたのが最初で、これまでに約60人が就任してきたとされる。

近代天皇制では譲位の道が閉ざされ、明治、大正、昭和の3天皇ともに晩年の体調悪化と、それにともなう摂政設置という問題に直面してきた。平成においては、陛下の健康状態は悪くはないものの、避けては通れぬ事態に対して自ら譲位の意向を示し、正面から問題提起することになった。

## 二極化する退位報道

それではどのような選択が考えられ、妥当なものとなるのだろうか。政府は有識者会議を設け、その議論を踏まえて法整備を検討するとしていた。在京紙の社説などの論調をみてみよう。

いずれも慎重な書きぶりや言い回しを使っているが、よく読むと主張は鮮明だ。読売、産経新聞は退位にそもそも否定的だ。読売は「生前退位には、様々な難問があることは否定できない。自発的退位は、『国民の総意に基づく』という象徴天皇の位置付けと矛盾するとの意見がある」、産経は「皇位継承の根幹に関わるだけに、退位を認める皇室典範改正に慎重な意見がある。……『摂政の冊立《さくりつ》を以て切り抜けるのが最善』とする意見もある」としていた。

日経は「高齢化社会の象徴天皇制の姿を改めて考える機会としたい」とするなど、無色透明な書きぶりだ。ただ、「議論を怠った政治の責任は重い。反省を促したい」と、首相や内閣に責任の自覚を促す一文で結んだ。

朝日、毎日、東京新聞は濃淡はあるものの、天皇の譲位のお気持ちに寄り添いながら、「国民の総意」をつくりあげていきたいとするものだ。東京は「生前の退位と皇太子さまへの譲位のお気持ちは国民の理解と共感を得られたのではないか」、毎日は「お気持ちは陛下の切実なメッセージである。各種世論調査では多くが陛下の意向に共感を示している。国民全体で議論を深めたい」とした。

朝日は「一連の事態は、象徴天皇制という仕組みを、自然人である陛下とそのご一家が背負っていくことに伴う矛盾や困難を浮かびあがらせた。どうやってそれを解きほぐし、将来の皇室像を描くか」と問いかけた。

現行法のもとで摂政を置かずに今上天皇が譲位するには、皇室典範の改正か特別法制定の二つが考えられる。

読売新聞は8月7日朝刊で皇室典範を改正することは難しい課題が多く、「天皇の地位を不安定にさせかねない」とし、退位を可能にする特別立法案が政府に浮上していると早々に伝えた。毎日新聞も8月11日朝刊で「現在の陛下に限る特例として退位できる特別法の制定を軸に検討を始めた」と1面で報じた。有識者会議も始まっていない段階で拙速に政府内の特別立法案を特ダネとして伝えるこれらの報道から、特別立法という流れをつくろうとする両紙の思惑が透けてみえるようでもある。

一方、長く皇室担当をしてきた朝日新聞元編集委員の岩井克己氏は8月9日朝刊で「譲位継承を実現するためには皇室典範の改正が必要だ。現天皇陛下に限り例外的に認める特別立法は将来、皇室の基本法規の枠組みを恣意的に変えられる道を開くことになり邪道ではないだろうか」と、「邪道」という言葉まで使い、強いトーンで特別立法を否定している。

この記事は岩井氏が描く皇室の理想像ともいえるシーンで結ばれている。「将来、『太上天皇ご夫妻』が、時に新天皇・皇后の相談に乗りながら、時には神田の古本屋街や軽井沢で目撃され、一般の人たちも節度をもって笑みを交わす――そんな日々が来るだろうか」。

天皇が政治利用されてきたのは歴史上の事実である。先の大戦では軍部が天皇を利用し、日本は有史以来ともいえる破局を迎えた。象徴天皇制を考えていくうえでメディアが果たす役割は大きい。北海道大学の西村裕一准教授（憲法学）が朝日新聞に語った内容は重い。「そもそも『天皇の意向』といっても、天皇自身ではなく、『天皇の意向』なるものを報道機関に伝えた人物がいるのでしょう。『天皇の意向』が皇室典範改正議論の引き金になった以上、当該人物による天皇の政治利用が問題となるだけでなく、この人物が宮内庁に属しているのであれば、天皇の発言をコントロールすべき内閣にも政治責任が発生し得ます。……宮内庁や内閣の責任追及を可能にするためにも、メディアには一連の経緯を検証することが求められます」（8月9日朝刊）。

毎日新聞では上智大学の音好宏教授（メディア論）が「生前退位を巡る報道がなぜ7月

の参院選直後に始まり、陛下のお気持ち表明がなぜこの時期だったのか疑問は残ったままだ。……皇室や宮内庁内で生前退位を巡って、実際にどんな議論があり、政権にどう伝わったのか、メディアは検証する必要がある」と同様の指摘をしていた（同）。

東京大学の御厨貴名誉教授（政治史）は読売新聞で「異常事態」という言葉を使い、「本来であれば、天皇の意向は身近で仕える宮内庁幹部がくみ取り、それを伝え聞いた時の政権が動くのが筋だ。なぜ『異常事態』となったかは、検証はすべきだろう」と問題提起していた（同）。

今回の象徴天皇制をめぐる出来事はNHKニュースから端を発している。当のNHKはこのニュースを新聞協会賞候補作として名乗りをあげた。ただ、宮内庁などの恣意的なリークによるものなら、これは新聞協会賞に値するのだろうか。

## 「お気持ち」の表明と政治の動き

与野党は2017年3月17日、特例法の制定によって天皇陛下の退位を可能とする、衆参両院の正副議長の「議論のとりまとめ」に合意した。安倍晋三首相は「直ちに法案の立案にとりかかり、速やかに法案を国会に提出するよう全力を尽くしたい」と表明。政府はゴールデンウィーク前後に上程する方針で、各党の賛同が得られていることもあり、通常国会で成立するのは確実となった。

とりまとめは、特例法の名称は「天皇の退位等に関する皇室典範特例法」とし、典範付則に退位の文言を明記した。付則には「特例法と典範は一体をなす」との根拠規定を置いたうえ、「将来の先例となり得る」とした。

ふれれば崩れそうなガラス細工のような組み立てだ。朝日新聞元編集委員の岩井克己氏は「政治的妥協の結果、典範付則に根拠規定を置いて特例法を制定するという曲芸的な法技術は、典範本則は終身在位だが特例法は退位容認、退位は例外的措置だが将来の先例にもなる――という矛盾を抱える」と指摘し、「『第二皇室典範』（野田佳彦民進党幹事長）ともいうべき法体系が本法と併存する形となり、分かりにくい『規範の複合化』（大石眞京都大学教授）となる」（朝日新聞3月18日朝刊）と評した。

そうとうにややこしい理屈だが、そもそも政府が設置した有識者会議では、政府の方針に沿った結論ありきともとれる「一代限りの特例法」で議論が進んでいた。これに対し、憲法は「天皇の地位は国民の総意」にもとづくとしているとし、国民の代表である国会の衆参両院の議長が、年明けから調整に乗りだしていた。

このあたりについて毎日新聞が「有識者会議で既成事実を作る政府の常套手段に」対し、「危機感を抱いた〔民進党の〕野田〔佳彦〕氏は〔衆院〕議長の大島〔理森〕氏に『国会主導の法整備を目指すべきだ』との考えを伝えた。『政府・与党対野党』という構図ではなく、『内閣対国会』という構図に移し替え、国会が法整備を主導する形とすれば、野党も賛成しやすくなるという趣旨だった」（3月18日朝刊）と、分かりやすく解説していた。

国会で審議される前に、与野党が議長の差配で合意し、それを政府が法案化するという過程は異例だ。

先述したようにそもそも天皇陛下の退位については、NHKの16年7月13日の「ニュース7」での特報からはじまった。午後7時前の速報スーパーにつづいて「ニュース7」のトップとして報じられた。天皇の真意やお気持ちの表明の見通しにも踏み込んだ内容で、元号が変わることによる影響についても解説されており、入念な準備の跡がうかがえた。

翌朝の在京各紙朝刊の1面には「天皇陛下生前退位」などの大見出しが躍った。その後、NHKは7月29日、「8月8日など候補にお気持ち表明」とする特報を再び放った。8日に放映された天皇のビデオメッセージは、政治に関与できない立場からストレートな意向の表明はなかったが、「生前退位」の意向が色濃くにじむものであった。

このように天皇陛下の退位報道はNHKが終始リードし、2016年度の新聞協会賞を受賞することになった。「皇室典範の改正のみならず、現代にふさわしい皇室像や憲法改正をめぐる国民的議論を提起し、報道機関の存在意義を知らしめた」「国内外に与えた衝撃は大きく、皇室制度の歴史的転換点となり得るスクープとして高く評価され、新聞協会賞に値する」と授賞理由が記されている。

天皇は10年には退位の意向を固めていた。だが、保守色の強い首相官邸は退位には消極的だった。読売新聞によると、内閣官房の皇室典範改正準備室は16年３月、摂政を置いて陛下の負担を軽減するとの意向を打ちだした。しかし、この「官邸の方針に、宮内庁は不満をあらわにした」（３月18日朝刊）と舞台裏を報じている。

官邸の方針は、天皇の意志と真っ向から対立することになった。こうして窮した宮内庁は、ＮＨＫを使って一芝居打つことになったのか、ＮＨＫがふだんの取材の積み重ねでとってきた特ダネが宮内庁を救ったのか、真相ははっきりとしない。だが、ＮＨＫの相次ぐ特報で、特例法によって天皇の退位が可能となる大きな流れができたのは間違いない。

読売は「７月13日、事態は一変する。ＮＨＫが夜のニュースで『天皇陛下、退位の意向』と報じたのだ。報道機関の世論調査は退位を実現させるべきだとの意見が８割を超えた。『宮内庁のクーデターだ』。首相周辺はうめいた」（同）と臨場感たっぷりに伝えている。

宮内庁が巧みに情報をリークし、世論を味方につけたうえで首相官邸を出し抜いたということか。

ここで考えたいことは、こうした退位報道が皇室の将来を考えるうえで、本当によかったのかということだ。天皇制を研究する政治学者、原武史氏への朝日新聞（2017年3月18日朝刊）のインタビューが示唆に富んでいた。

退位の意向を暗に伝える「お気持ち」を表明して以降、政治が大きく動いた。しかし本来、「国政の機能を有しない」天皇が政治に影響をおよぼし、世論や社会がそれを当然のように受け入れることが、あるべき姿なのだろうか。

原氏は次のように疑義を呈した。

「はっきり言っておかしいと思います。いまの憲法下で、天皇は国政に関与できないはずです。それなのに、天皇が退位の気持ちをにじませた発言をすると、急に政府が動きだし、国会でも議論を始めた。……私が知る限り、戦後、天皇が意思を公に表し、それを受けて法律が作られたり改正されたりしたことはありません」

「明治憲法によって『大権』を持っていた明治天皇や大正天皇、戦前の昭和天皇の時も、こんなことはありませんでした。今回の天皇の『お気持ち』の表明と、その後の退位へ向けての政治の動きは、極めて異例です」

「本来は天皇を規定するはずの法が、天皇の意思で作られたり変わったりしたら、法の上に天皇が立つことになってしまう」

「天皇に、憲法への適合性が疑われるようなことをさせてしまった。周囲や政府の責任は

いているときに伝えるべき内容ではなかったか。

大きいと言わざるを得ません」

　こうした指摘はなるほどと思わせ、かつ重要だ。しかし、どうして朝日新聞は退位についての法案の骨格が決まってから、この見方を大きく報じたのだろうか。議論が進行しているときに伝えるべき内容ではなかったか。

　高齢をおして被災地を訪れては被災者を励まし、先の大戦の激戦地に慰霊の旅を重ねる天皇、皇后両陛下の姿は尊い。国民が敬愛する気持ちはよく理解できる。私自身も両陛下の姿勢に賛同しているが、憲法の条文に照らし合わせて厳密にいえば、被災者へのお見舞いも慰霊の旅も「公的な行為」であっても、「公務」とはいえないかもしれない。次の天皇が引き継ぐべき義務ではないのではないか。この理屈に立てば、被災地へのお見舞いや慰霊の旅ができなくなったからといって、退位すべき理由にはならないということになる。

　新聞各社はNHKの特報をみて、バスに乗り遅れるなといわんばかりにいっせいに走りだし、世論や政治が求めるものを裏書きしていった。換言すれば、煽っていったともいえる。もう少し冷静で批判的な報道の仕方があったのではないか。将来の皇室のあり方に、禍根を残すことがなければいいのだが。

## 三笠宮さまの発言をタブー視

もう一つ、皇室関連の報道を考えてみたい。皇族の微妙な発言をメディアがタブー視し、読者を置いてきぼりにした例だ。

昭和天皇の末弟で天皇陛下の叔父にあたる三笠宮崇仁《みかさのみやたかひと》さまが2016年10月27日午前8時34分、入院先の東京都中央区の聖路加病院で心不全のため亡くなられた。明治以降の皇族では最高齢の100歳だった。

戦時中は旧日本軍の陸軍参謀として南京に派遣され、軍による残虐行為への猛省を求める発言をしていたことが戦後に明らかになっている。戦後は歴史学者として古代オリエント史の研究に打ち込んだ。皇位継承順位は5位で、三笠宮さまの逝去によって、皇位継承権をもつ男性皇族は4人になった。

在京紙は10月27日夕刊でいっせいに報じ、翌28日朝刊で続報した。皇室に関する著書が多い作家の保阪正康氏は「明治天皇の皇后だった昭憲皇太后や大正天皇を直接知り、軍の参謀として戦争を体験した三笠宮さまは、近代天皇制の当事者であり、歴史の目撃者だった。逝去により、現代の皇室に最後まで残っていた『近代』が終わったといっていいだろう」（朝日新聞10月27日夕刊）と総括した。

新聞に目を通すと、三笠宮さまの先の大戦をめぐる凜とした発言や切実な反省、「紀元節」「生前退位」についての見識ある発言に背筋が伸びる思いがする。

南京陥落の約5年後の1943年1月から1年間、皇族であることを隠すために「お印」の若杉からつけた「若杉参謀」の名で同地に赴任。陸軍士官学校同期の青年将校から「兵隊の胆力を養成するには生きた捕虜を銃剣で突きさせるに限る」（1984年の自伝）との言葉を聞くなど軍紀の乱れを知り、衝撃を受ける。

将校らに対する講話で「略奪暴行を行いながら何の皇軍か」「反民衆は絶対に不可である」「（中国共産党の八路軍は）対民衆軍紀も極めて厳正であって、日本軍の比ではない」と激烈な言葉を発し、反省を促している。

当時を回顧した1956年の著書『帝王と墓と民衆』には「罪もない中国の人民にたいして犯したいまわしい暴虐の数かずは、いまさらここにあげるまでもない」「内実が正義の戦いでなかったからこそ、いっそう表面的には聖戦を強調せざるを得なかったのではないか」と厳しい言葉を記した。

宮さまと40年来の親交を重ねたという日本オリエント学会会長の近藤二郎氏は、折にふれて中国での体験を聞いたとし、「南京大虐殺は犠牲者の人数ばかりが議論になるが、日本軍に残虐な行為をした者がいたことが問題なのだ、と話されていた」（読売新聞10月28日朝刊）と振り返る。

終戦を目前にした1945年8月12日、皇族会議で陸軍の反省を強く要望。その後、天皇に降伏を翻意するよう促してほしいと懇願する阿南惟幾《あなみこれちか》陸軍大臣に対し、「陸軍は満州事変以来大御心にそわない行動ばかりしてきた」（朝日新聞10月28日朝刊）とし、頑として応じなかったという。

新憲法に関する46年6月8日の枢密院本会議では「満州事変以来日本の表裏、言行不一致の侵略的行動については全世界の人々を極度に不安ならしめ、かつ全世界の信頼を失っていることは大東亜戦争で日本がまったく孤立したことで明瞭である。従って将来国際関係の仲間入りをするためには、日本は真に平和を愛し絶対に侵略を行わないという表裏一致した誠心のこもった言動をしてもって世界の信頼を回復せねばならない。……憲法に明記することは確かにその第一歩である」と述べている。

1950年代後半、初代天皇とされる神武天皇が即位した日を祝う「紀元節（2月11日）」の復活運動をめぐり、「歴史研究家として、架空の年代を国の権威をもって国民におしつけるような企てに対しあくまで反対」と言明。「偽りを述べる者が愛国者とたたえられ、真実を語る者が売国者と罵られる世の中を、私は体験してきた。それは過去のことだと安心してはおれない。紀元節復活論のごときは、その氷山の一角にすぎぬのではあるまいか」と編著に記した。

戦後まもないころ、今上天皇が求める生前退位（譲位）についても言及しているのが興味深い。46年、「新憲法と皇室典範改正法案要綱（案）」と題する意見書を作成。「『死』以外に譲位の道を開かないことは新憲法の『何人も、いかなる奴隷的拘束も受けない』という精神に反しはしないか？」と疑問を呈し、生前退位が認められないなら「天皇は鉄鎖につながれた内閣の奴隷と化す」と、新しい皇室典範に天皇の「譲位」を認める規定を盛り込むよう主張した。

以上のような数々の慧眼には目をみはるものがある。ただ、腑に落ちないのは戦後70年にあたる15年、安倍晋三首相の70年談話などをめぐり、歴史認識について数多の見方や意見が新聞紙上で紹介されたが、三笠宮さまの発言が皆無といっていいほど掲載されていないということだ。

高齢とはいえ、皇位継承権をもつ皇族の政治的色彩を帯びた発言を扱うことに慎重になっているということか。亡くなった瞬間に怒濤のごとく書くのではなく、節目ごとにその考え方や見方を広く知らせてともに考えていくのが、ジャーナリズムの役割ではないか。タブー視するのではなく、書き方を工夫して報じることが記者の仕事である。

## 北方領土交渉をめぐる相次ぐ誤報

2016年12月15、16日の2日間にわたって山口と東京で開かれた日ロ首脳会談は、焦点の北方領土問題が何ら進展しないままに終わった。「新しいアプローチ」を唱える安倍晋三首相の意気込みはそうとうのものであったが、日本側の主張はまったくといっていいほど受け入れられず、完全な敗北と位置づけていい首脳会談となった。

北方領土引き渡しの前提となる平和条約交渉は事実上おこなわれなかった。日ロ両政府は会談後、平和条約に関する声明や文書をださず、共同経済活動の協議入りなどで合意したとする報道機関向けの声明を発表した。声明には北方四島という文言すら入っていないありさまだ。

安倍首相とロシアのプーチン大統領との首脳会談は16年に入ってから4回目で、通算16回目を数える。会談後の記者会見で首相は、プーチン氏に対して「君《きみ》」やファーストネームの「ウラジミール」と何度も呼びかけて親密な関係をアピールした。しかし、これといった成果を生むこともなく、「肩すかし」ともとれる会談結果を考えると、首相のこのような物言いはむなしく響く。

北方領土問題をめぐる双方の溝をもっとも強く感じたのは、プーチン氏が平和条約締結後に歯舞《はぼまい》、色丹《しこたん》の2島を引き渡すとした1956年の日ソ共同宣言にふれた際に、「どのようなかたちで2島を引き渡すか明確に定義されていない」と主張、2島を引き渡すにしても主権まで渡すかは分からない「0島返還」の立場を一歩もゆずらなかったことだ。ロシアの主権下のままで、領土を引き渡すとする発想そのものが理解しづらい。そもそも、それは返還とはいわないのではないか。

このことは、読売新聞と日本テレビが12月13日にモスクワでおこなったプーチン大統領とのインタビューにおいても述べており、従来の主張を繰り返した格好だ。ならば、どうしてこの根本的な隔たりを埋めないままに、安倍首相は今回の首脳会談にのぞんだのかという疑問にいきあたる。案の定、確たる成果も得られずに、無残ともいえる結果に終わった。

北海道大学名誉教授の木村汎氏は「安倍首相が前のめり姿勢を示した結果として、プーチン氏は、ロシアが得意とする焦らしやどう喝、まず高値を吹っかける『バザール商法』などの交渉戦術を縦横に駆使し、最高首脳間の『信頼』関係の存在だけにすがる日本側を子供のように翻弄した」（東京新聞2016年12月17日朝刊）と厳しく批判した。

むろん、与党内にも不満は広がった。自民党の二階俊博幹事長は領土問題が進まなかったことについて「経済問題も大事かも知れないが、人間は経済だけで生きているわけではないんだから、もう少し（領土問題に）真摯に向き合ってもらいたい。やっぱり、国民の皆さんの大半はがっかりしている」と疑問を呈した。

期待感が高かっただけに、落胆も大きいということか。しかし、これは希望的な観測による期待感で、実態がともなっていない。厳しい言い方をすれば、できもしないことをできると期待させ、やはりできなかったという道化に近い行為ではないか。

新潟県立大学教授の袴田茂樹氏は「今回の日本側『完敗』の背景」として、「最大の原因は、日本のメディアや多くのロシア専門家、政治家たちが、プーチンを含む露指導部の国家主権というものに対する厳しい論理と心理を─さらに広く国際社会における主権問題の厳しい本質を─リアルに認識していなかったことにある」「つまり、わが国の対露政策はリアルな現実認識を欠いた性善説に基づく『お人よし』的で情緒的なものだったのである」（産経新聞２０１６年12月20日朝刊「正論」）と断じた。

九州大学アジア太平洋未来研究センター教授の岩下明裕氏は「安倍首相は『２島は無条件で日本の主権下にある』と思っていたのではないか。この認識から出発したことがそもそもの誤りだ」「日本は本来、最悪の事態を想定した『リアリストの外交』をしなければならないのに、なぜか『希望的観測』で動いた」（毎日新聞２０１６年12月17日朝刊）と指摘する。

さらに、前出の袴田氏は北方領土報道に対し、次のように苦言を呈した。

「12年3月にプーチン氏は『ヒキワケ』発言をして日本側の期待値を高めた。しかし、それを大きく報じたわが国のメディアは、彼が同時に述べた『56年宣言には、2島の引き渡し後両国の主権がどちらの国のものになるか書かれていない』という、驚くべき強硬発言を報じなかった。これは領土問題の存在を否定する論に繋がる。その後も、プーチン氏はこの強硬論を幾度も繰り返したが、わが国のメディアも専門家も無視した」

日本側の都合のいい部分だけに、政府が喜びそうな部分だけに光を当てて、北方領土問題をメディアが報じていたとする痛烈な批判だ。これが事実なら、メディアは大きくミスリードをしたことになる。改めて検証する必要があろう。

報道に関しては、こればかりではない。たとえば、日経新聞が10月17日朝刊の1面トップに「北方領土に共同統治案／政府日ロともに主権行使」との見出しをとり、日本政府が北方四島の共同統治案を検討していると報じた。しかし、同案は過去に検討されたことはあるが、現行の方針とは違うものだ。ほかにも読売新聞が9月23日朝刊で「二島返還が最低条件」とするなど、さまざまな内容がまことしやかに報じられ、プーチン大統領が日本への不信感を強めたといわれる。

日経と読売新聞のこれらの報道については、NHKの2人の解説委員が『北方領土プーチン豹変の理由』(『文藝春秋』2017年1月号)との原稿を共同で執筆。「誰がこのような偽の情報をリークするのか。官邸は、外務省などに交渉を邪魔しようとする勢力が存在するのではないかという疑いを深めていた」としている。

実態がないなかで期待感だけが先行したり、交渉相手を疑心暗鬼にさせたりすることに、メディアがひと役買うことはままあることだが、ありもしない話が記事になり、まことしやかに語られているのには閉口する。しかもそうした偽ニュースが1面トップで報じられることさえある。その一方で、伝えなければならない情報が伝えられず、読者を迷路に誘いこむこともある。今回の北方領土報道は、これら両方がみられた。

こうなると専門家でもないかぎり読者はお手上げだ。ただ、情報源が明示されず、あいまいな書き方をしている記事は、確度の高くない情報として読むことで、振り回されずに済む。

## 真逆の結果がでる世論調査の怪

新聞やテレビなどの報道各社がおこなう世論調査は民意をはかるうえで重要な役割を果たしている。調査方法の研究・改善も繰り返され、精度も高まっていると思われるが、ときとして報道機関によって真逆の調査結果がでることがある。これをとらえて世論調査の嘘を指摘する識者は意外に多い。

具体的にみてみよう。

首相の私的諮問機関「安全保障の法的基盤の再構築に関する懇談会」（安保法制懇）が2014年5月15日に報告書を提出し、安倍晋三首相は集団的自衛権の行使を検討すると表明した。他国のために戦争に加わる集団的自衛権の行使容認を、憲法改正をせずに解釈の変更によっておこなおうとするもので、平和主義を掲げてきた国のかたちを大きく転換することになる。

報道各社はこのたいへん重要な問題について世論調査（電話）を実施。民意を探ろうとしたが、調査結果に大きな違いがでた。朝日新聞5月14日朝刊に掲載された「集団的自衛権の世論調査各社で違い」という記事が、各社の質問の文言や選択肢の立て方に注目し、コンパクトにまとめられていた。産経新聞も20日朝刊で「産・読、3つの選択肢　朝・毎は二択」とする記事を載せ、賛否のばらつきに言及した。

それらを参考にしながら、4月中旬から5月中旬におこなわれた報道各社の新聞紙面やホームページから調査内容をみてみる。

憲法の解釈を変えて集団的自衛権を行使できるようにすることに「賛成」か「反対」の二者択一で尋ねたのが、朝日新聞、共同通信（東京新聞が掲載）、日経新聞・テレビ東京で、以下のようにいずれも「反対」が「賛成」を上回った。
▼朝日（実施日4月19、20日）：「賛成」27％、「反対」56％
▼共同（同5月17、18日）：「賛成」39・0％、「反対」48・1％
▼日経・テレビ東京（同4月18～20日）：「賛成」38％、「反対」49％

一方、読売新聞、産経新聞・FNNの調査は選択肢が三つ。集団的自衛権を必要最小限度の範囲で使えるようにすべきだとする、「限定容認論」を選択肢に加えた。そうすると、以下のように「全面」賛成は1割前後にとどまるが、「限定」賛成は6割前後になり、「全面」と「限定」を合わせると「賛成」が「反対」を大きく上回った。朝日や共同、日経・テレビ東京の調査と大きく違う数字となった。
▼読売（実施日5月9～11日）：「全面的に使えるようにすべきだ」8％、「必要最小限の範囲で使えるようにすべきだ」63％、「使えるようにする必要はない」25％
▼産経・FNN（同5月17、18日）：「全面的に使えるようにすべきだ」10・5％、「必要最小限度で使えるようにすべきだ」59・4％、「使えるようにすべきでない」28・1％

毎日新聞は4月の調査を3択にし、5月の調査を2択に変えており、興味深い。以下のように「賛成」と「反対」がほぼ真逆の結果になった。
▼毎日（同4月19、20日）：「全面的に認めるべきだ」12％、「限定的に認めるべきだ」44％、「認めるべきではない」38％
▼毎日（同5月17、18日）：「賛成」37％、「反対」56％

この調査結果にもとづいて各紙が記事を書くと、たとえば読売新聞は5月12日朝刊の1面トップ記事で「集団的自衛権71％容認」と大きく見出しを取って報じた。これに対し、朝日新聞は4月22日朝刊3面で比較的抑えた扱いで世論調査結果を伝えた。

毎日新聞はどうだろうか。4月調査については、4月21日朝刊の2面で抑えたかたちで「集団的自衛権、行使『限定容認』44％『認めず』は38％」と伝え、5月調査の結果は5月19日朝刊の1面トップで「集団的自衛権憲法解釈変更反対56％」と一転してデカデカと報じた。行使容認に反対する毎日はこうするほかなかったのであろうか。結果として1ヵ月後に反対の報道をしたことになり、やや不細工な紙面づくりをしたことになる。

産経新聞は5月20日朝刊で「民意がばらついているのではなく、むしろ各社ごとの設問や選択肢の違いが回答に反映しているようだ」としたうえで、「ただ、朝日新聞などの例はここ最近の政府・与党内の議論を反映していない大ざっぱな設問といえる。二択の質問では、全面的容認には抵抗感がある『限定容認論』の人々も反対に回った可能性があるためだ」と批判した。

朝日新聞は5月14日朝刊でこの数字のマジックについて「三択で賛成の選択肢が二つ、反対の選択肢が一つと数が異なると、選択肢の多い方が回答の比率は高くなる傾向がある。さらに、集団的自衛権の問題は、多くの国民にとって理解が難しい面があるのは確かだ。こうした問題で選択肢が三つ以上あると、中間的な選択肢に回答が集まりがちだ。……『必要最小限』という文言が加わると、反対しにくくなる」と読み解いた。

さて、どの世論調査が民意をより正確にくみ取っているのかと迷ってしまう。

そうこうしていると、日経新聞とテレビ東京が5月23日から25日にかけて新たな世論調査をし、その結果を日経が5月26日朝刊に掲載した。先月と同様に憲法改正でなく憲法解釈を変更して集団的自衛権の行使を容認することに「賛成」か「反対」かの二択にし、「賛成」との回答が28%、「反対」の51%を下回った。これは先月と同じ傾向である。

これ以外に次のような新しい設問による調査が目を引いた。安倍政権が進める安全保障法制のうち、武装した外国の漁民が日本の離島を占拠するなどの「グレーゾーン事態」に備える法整備については68%が「進めるべきだ」と答え、「進めるべきではない」の13%を上回った。国連平和維持活動（ＰＫＯ）の現場で、他国部隊などからの救援要請を受けて自衛隊が武器を使って守る「駆けつけ警護」に関しても、47％が「認めるべきだ」と回答。「認めるべきではない」は34％だったとした。

これらの調査結果から「行使容認への憲法解釈変更に慎重論が根強い一方で、他国からの武力攻撃に至らない侵害である『グレーゾーン事態』の法整備や、国連平和維持活動での自衛隊の役割拡大に理解が広がっている」ことが読み取れた。

この調査を妥当とするのなら、グレーゾーン対処に理解を示し、集団的自衛権には慎重ないしは抵抗があるというのが現在の民意の動向ということになる。

## 各紙で違う共謀罪の表記と説明

政府は2017年3月21日、共謀罪やテロ等準備罪と呼ばれる組織的犯罪処罰法の改正案を閣議決定した。「組織的犯罪集団」が犯行を計画し、メンバーが下見や資金調達などの準備をはじめた段階で処罰するという内容だ。殺人や放火など277の重大犯罪が対象となる。

この法案についての世論調査も一致するものでなく、報道機関によってバラバラの結果となった。同じ法案にもかかわらず、新聞によって表記や説明が違うという、きわめて特異な報道状況になっており、それが世論調査結果にも影響をおよぼしているので、まずその点から説明する。

在京紙は3月21日夕刊で法案の閣議決定を1面トップにし、大きく伝えた（産経新聞は夕刊がないため22日朝刊1面トップ）。朝日、毎日、日経、東京新聞は見出しを「共謀罪」とし、読売、産経新聞は「テロ準備罪」とした。NHKは21日のニュースで「テロ等準備罪」とテロップを流した。このように報道機関によって、この法案の表記や説明が分かれており、別の法案かと間違いそうである。

「共謀罪」は過去に3回廃案となっており、政府は今回の法案について「共謀罪」の要件を厳格化した「テロ等準備罪」と呼称している。このため法案に反対する新聞社は「共謀罪」とし、賛成する新聞社が政府と同じ表記の「テロ準備罪」にしたわけだ。安倍政権の安全保障政策や原子力政策で論調が二極化するのと同じ構図が、ここでもある。

ちなみに、在京紙とNHKの法案についての説明を列挙してみる。

朝日＝犯罪を計画段階で処罰する「共謀罪」の趣旨を盛り込んだ組織的犯罪処罰法の改正案
毎日＝「共謀罪」の成立要件を絞り込み「テロ等準備罪」を新設する組織的犯罪処罰法改正案

日経＝犯罪を計画段階で処罰する「共謀罪」の構成要件を改め「テロ等準備罪」を新設する組織的犯罪処罰法改正案

東京＝犯罪に合意することを処罰対象とする「共謀罪」と趣旨が同じ「テロ等準備罪」を創設する組織的犯罪処罰法改正案

読売＝組織的な重大犯罪を計画・準備段階で処罰する組織的犯罪処罰法改正案（テロ準備罪法案）

産経＝共謀罪の要件を厳格にした「テロ等準備罪」を新設する組織的犯罪処罰法改正案

ＮＨＫ＝組織的なテロや犯罪を防ぐため、犯罪の実行前の段階でも処罰できるよう「共謀罪」の構成要件を厳しくして「テロ等準備罪」を新設する法案

以上のように、日経が「『共謀罪』の構成要件を改め……」としているのに対し、産経は「共謀罪の要件を厳格にした……」としている。法案に反対する弁護士や法学者らは「要件を厳しくしたとはいえない」と批判しており、見方が分かれるところだ。

表記についての「おことわり」を入れたのは朝日だけだった。同紙は3月22日朝刊の1面で「犯罪を計画段階で処罰する『共謀罪』の趣旨が盛り込まれており、朝日新聞はこれ

までと同様、原則として『共謀罪』の表現を使います。『テロ等準備罪』という政府の呼称は、必要に応じて使用していきます」と説明している。こういった「おことわり」を入れるのは、読者への配慮を感じる。

また、毎日新聞は3月20日朝刊、東京新聞は3月25日朝刊、朝日新聞は4月1日朝刊で、在京紙とNHKの表記や説明を一覧表にし、その違いを報じた。1紙しか読んでいない読者が圧倒的に多いなかで、違いを報じることはたいへん意味がある。

各紙で割れる表記を伝えた、この3紙はいずれも法案に反対する一般紙だ。賛成する読売や産経新聞の、この法案に関する報道量が少ないのも特徴だ。

在京紙が二分するのに対し、全国のブロック紙や地方紙のほとんどは法案を「共謀罪」法案として報じている。これも安全保障政策や原子力政策に関する報道の傾向と似通っている。つまり、ブロック紙と地方紙のほとんどは、憲法9条の解釈改憲や原発再稼働に反対の社説を掲げていた。

安倍晋三首相は「東京五輪のテロ対策に必要」と強調してきた。ところが、2月28日に政府が与党審査で示した条文のなかには、「テロ」という文言も定義も入っていなかった。テロ対策といえば反対できず、世論対策ができるという狡知な手法が透けてみえ、さすがに与党からも批判が噴出。「テロリズム」の文言を追加した修正案が示されるという経緯もあった。

**読者は何を信じたらいいのか**

それでは在京紙とＮＨＫの世論調査を比較してみる。

組織的犯罪処罰法改正案について賛成が反対を上回っているのが、読売新聞と産経新聞、ＮＨＫだ。

▼読売（実施日4月14～16日）：「賛成」58％、「反対」25％

▼産経・ＦＮＮ（実施日同15、16日）：「賛成」57・2％、「反対」32・9％

▼ＮＨＫ（実施日3月10～12日）：「必要だ」45％、「必要でない」11％

一方、反対が賛成を上回ったのが、毎日新聞だ。

▼毎日（実施日3月11、12日）」：「賛成」30％、「反対」41％

朝日新聞はわずかに賛成が上回ったが、賛成と反対がほぼ拮抗した。

▼朝日（実施日4月15、16日）：「賛成」35％、「反対」33％

以上のように、主要メディアの世論調査が、賛成、反対、拮抗という3種の結果を示した。

ちなみに質問内容を列記して比較してみる。

読売＝これまで検討されていた「共謀罪」の要件を厳しくし、テロ組織や組織的な犯罪集団が、殺人などの重大犯罪を計画・準備した段階で罪に問えるようにする「テロ準備罪法案」に、賛成ですか、反対ですか。

産経・FNN＝政府は従来の共謀罪の構成要件を厳格化するなどした「テロ等準備罪」を設ける法案を今国会に提出した。この法案について、賛成か、反対か。

NHK＝政府が、組織的なテロや犯罪を防ぐため、犯罪の実行前の段階でも処罰できるよう、「共謀罪」の構成要件を厳しくして「テロ等準備罪」を新設する法案を、今の国会に提出する方針であることをめぐり、こうした法整備が必要だと思うか。

毎日＝政府は、組織的な犯罪集団が犯罪を計画した段階で処罰する法案を今の国会に提出する方針です。対象になる犯罪を当初予定していた700弱から半分以下に減らしましたが、一般の人も捜査対象になるとの指摘があります。あなたは、この法案に賛成ですか、反対ですか。

朝日＝政府は、犯罪を実行しなくても、計画の段階で処罰する「共謀罪」の趣旨を盛り込んだ、組織的犯罪処罰法の改正案の成立を目指しています。この法案に賛成ですか。

読売、産経・ＦＮＮ、ＮＨＫの質問には、「共謀罪」と「テロ準備罪」の両方の文字が入っている。毎日はいずれの文字も入れず、「……一般の人も捜査対象になるとの指摘があります」と法案に対する否定的な見方を書いた。朝日は「共謀罪」という文字を使い、「テロ準備罪」は入れていない。

このように聞き方が違うため、調査結果がバラバラになった。読者はいったい何を信じたらいいのだろうか。世論調査はときとして要注意である。新聞には調査結果だけでなく、質問内容が明示されているので、それを注意深く読む必要がある。

# 第5章　報道写真の虚実

## 漂着したアイラン君の遺体

「写真はせいぜい小さな声にすぎないが、ときたま――ほんのときたま――1枚の写真、あるいは、ひと組の写真がわれわれの意識を呼び覚ますことができる」（ユージン・スミス展図録、PPS通信社、1982年）。

水俣病を撮影し、世界に告発した米国の写真家ユージン・スミス氏（1918－78年）の言葉である。私はこれを座右の銘とし、写真ジャーナリズムについて語ったり、書いたりするときによく引用する。

「写真は単に歴史を記録するだけのものではない。世論を動かし、歴史を変えていく手助けをするものだ」「私にとって写真の強さは、人間の感覚を呼び覚ます能力にある。戦争が人間性の否定とすれば、写真は戦争への強力な特効薬になりえる。現実を見せ、事実を伝え、蛮行をやめさせる。注意を喚起する。〔撮影した〕写真に力があれば、人々の心を動かせるはずだ」（拙稿「不条理を告発する戦争写真家・ナクトウェイの世界」『AERA』2003年9月22日号）。

米国の戦争写真家ジェームズ・ナクトウェイ氏（1948－）がドキュメンタリー映画『戦場のフォトグラファー』の日本公開を機に来日、インタビューしたときに話したものだ。スミス氏の考えと相通じる内容だ。ナクトウェイ氏は現在、最高峰の戦争写真家のひとりと評されている。

この2人の言葉を体現するかのようなインパクトのある写真が、インターネットをはじめとする多くのメディアを通じて世界をめぐった。

エーゲ海に面したトルコのリゾート地ボドルムの海岸に漂着した3歳男児アイラン・クルディ君の遺体写真だ。戦乱のシリアから欧州をめざしたクルド民族の難民で、赤いTシャツと青いズボン、靴もしっかり履いたまま波打ち際にうつぶせに倒れている。

アイラン君の親族を取材した朝日新聞2015年9月7日朝刊によると、一家4人を乗せてトルコからギリシャに向かったボートが、大きな波を受けて転覆。一家で唯一生き残った父親のアブドゥラさんが水のなかで必死に5歳と3歳の息子を両脇に抱きかかえたが、2人ともまもなく目を閉じ、「子どもたちを一人ずつ海の中で手放さなければならなかった」。妻も海に消えたという。

この写真を9月3日に撮影したのは、新華社ニュース（日本新華夏、2015年9月7日）によると、トルコの女性カメラマン、ニルフェル・デミル氏で、「パキスタン難民を撮影していたところ、海岸に打ち上げられた数人の遺体に気づいた。近づいてみると『子供の遺体だった』……『当時、自分が彼のためにできる唯一のことは、撮影をしてトルコと全世界に見せることだと思った』」と語っている。

デミル氏は写真をインターネットにアップ、瞬時に世界を駆けめぐった。そして、この写真の力は「われわれの意識を呼び覚ま」し、「人々の心を動か」すことになった。

## 1枚の写真が欧州首脳を動かす

中東やアフリカから地中海を渡って欧州に上陸する難民や移民が急増。国際移住機関（IOM）によると、2015年1月から9月3日までに36万4083人が欧州に到着、2664人が渡航途中に命を落とした。その半数がシリアからだったという。4月にはリビア沖からイタリアをめざしていた移民船の転覆が相次ぎ、11日に約3300人、14日に約400人、19日には約700人が溺死。8月に入ってからはオーストリアで保冷車に乗り込んだシリア難民ら71人の遺体が発見されている。

悲劇がつづくなか、アイラン君の遺体の漂着写真は世界の主要メディアに転載された。たとえば、毎日新聞2015年9月4日夕刊は「イタリアのレプブリカ（電子版）は『世界を震撼させた一枚』と報じ、シリアのテレビも『人類がこの映像を理解するのに、どれだけの時間が必要なのか』などと伝えた」とし、産経新聞（大阪本社版）5日朝刊は「英紙インディペンデント（電子版）は『この衝撃的写真が欧州の難民に対する態度を変えないとしたら、一体何が変えられるのか？』と問いかけた」としている。

写真は欧州首脳をも動かすことになった。毎日４日夕刊によると、「イタリアのレンツィ首相は『映像を見ると胸が締め付けられる。すべての人々を救助するという欧州の理想を取り戻す必要がある』と述べ、キャメロン英首相は『一人の父親として（映像を目にして）心を動かされた』と語った」という。

そして具体的なアクションとして、欧州をはじめオーストラリアや南米の各国が難民の受け入れを次々と表明するとともに、ＡＦＰ通信（9月5日）によると、「自国で世論からの圧力を受けたデービッド・キャメロン英首相は、英国はシリア危機の人道支援に1億ポンド（約１８０億円）を追加する用意があることを示唆した」「国連児童基金（ＵＮＩＣＥＦ）も、アイラン君の写真が世界中に広まって以来、寄付が殺到していると述べている。国際オリンピック協会（ＩＯＣ）も、２００万ユーロ（約2億６５００万円）の緊急資金の提供を開始した」と伝えている。

## 「遺体＝ボツ」というステレオタイプ

ここで遺体写真の掲載の有無について考えたい。

日本の新聞やテレビなど主要メディアは、アイラン君の顔がみえる遺体写真そのものは掲載、放送していない。たとえば毎日新聞2015年9月4日夕刊は治安当局者に抱かれたアイラン君の足など下半身部分がみえる写真（AP共同電）を、朝日新聞9月5日朝刊は埋葬に際し白い布に覆われた遺体を抱く父親の写真（AFP時事電）を載せた。私がみた日本のテレビは遺体をぼかしていた。

日本のメディアは原則として遺体写真や残酷な写真は掲載しないという立場をとっている。ただ、例外はある。たとえば、1989年12月にルーマニア革命があり、独裁者のチャウシェスク夫妻が銃殺された。このときの遺体写真は各紙の夕刊1面に載せられている。当時、私が属していた取材班が首都ブカレストで、夫妻の遺体写真が映しだされた国営放送のテレビ画面を撮影し、東京に電送したので鮮明に覚えている。何人かの共同作業だったので、朝日新聞のクレジットは私の名前ではない。他紙は外電を使っていた。

また、古くなるが1970年11月、作家の三島由紀夫氏が東京の陸上自衛隊市ヶ谷駐屯地で割腹自殺し、森田必勝氏によって介錯された生首を、不鮮明な画像ではあるが朝日新聞は掲載している。

いずれも歴史的な出来事で、たとえ想定を超える衝撃や不快感を読者に与えたとしても、載せることの公共性が高いという判断だ。掲載の有無に明確な線引きはなく、編集局や報道局のその都度の判断になる。

そうだとすれば、今回のアイラン君のケースは別の選択肢があったのではないか。

海外メディアの報道ぶりは、共同通信（９月４日）によると、「フランス紙ルモンドは1面トップで『目をそらすな』と題した社説を横に配し、赤いＴシャツと青いズボンを身に着け、うつぶせになった男児の写真を掲載。『シリア兵による化学兵器攻撃など限られたケースで幼児の遺体写真を掲載してきた』と断り書きを付けた。……英紙インディペンデントも1面トップで使用。通常は載せない写真というが『欧州が直面する人道危機の分かれ道になる』と掲載を決めた」としている。

欧州メディアの説明は納得のいくものではないか。ルモンドが横に社説を配置し、いかに重要な問題なのか、説明責任を果たしているのもなるほどと思える。

私は『Newsweek』（日本版）２０１５年9月15日号で、波打ち際にうつぶせになったアイラン君の遺体写真をみた。横顔がみえる鮮明な画像を見開きで大きく扱っている。同誌編集部の判断に敬意を表したい。

中東で戦争がつづき、多くの子どもら民間人が死亡しているという現実と、それにともなう難民問題を日本人も真摯に考える必要があるだろう。より強く問題提起するために遺体写真を載せるべきでなかったか。ちなみに日本のＮＧＯ「難民支援協会」（ＪＡＲ）によると、シリアから日本に入国し難民申請したのは60人（２０１０年～14年11月）で、そのうち難民認定されたのは3人にすぎない。

写真をみていると、この無名の子どもにモザイクを入れることの方が、遺体を鞭打つ残酷な行為のように思えた。隠さない方が男児の尊厳を保てるのではないか。私はジャーナリストとしてはもちろんだが、人間として世界の現実を知るうえで、修正していない写真をみることができて良かったと考えている。

少し前の話になるが、04年春、写真月刊誌『DAYS JAPAN』が創刊された。03年に勃発したイラク戦争の報道で、日本のメディアは戦場での遺体写真や負傷者などの写真を、「恐怖心を与える」「嫌悪感をもよおす」などの理由で掲載を見合わせていた。こうした報道姿勢に不満をもった写真家や編集者らがこの雑誌をつくることになった。

この雑誌に載せられた戦争犠牲者の写真は確かに衝撃的で残酷だ。目をそむけたくなるものもある。だが、この雑誌をみた人たちが、「大手マスコミが信じられなくなった」「新聞で知ることがないことを知った」などとする感想を同誌に寄せている。

創刊したばかりの同誌編集部を取材。写真の使い方にマスコミ不信をよぶほどの落差があることに、ショックを受けたことをはっきりと覚えている。日本の主要メディアは事なかれ主義の「遺体＝ボツ（没）」といったステレオタイプの思考に陥っていないだろうか。

## オバマの広島訪問をめぐる写真の使い方

上空からキノコ雲をながめ、その激烈な破壊力を国際政治の道具としてきた歴代の米大統領のなかで、バラク・オバマ大統領が初めてキノコ雲の下に降り立った。主要7ヵ国（G7）首脳会議（伊勢志摩サミット）を終えたオバマ大統領は2016年5月27日、夕暮れが迫る広島平和記念公園を訪問。安倍晋三首相とともに広島平和記念資料館（原爆資料館）を視察し、30万人もの原爆死没者名簿が納められる原爆慰霊碑の前に立った。大輪の花を手向け、わずかに後ずさったオバマ氏は背筋を伸ばし、じっと閉じた目は原爆投下後の灼熱の熱波と膿んだ腐臭を感じたかのようだった。

17分間の演説では「恐怖の論理にとらわれず、核兵器なき世界を追求する勇気をもたなければならない」と訴えた。核廃絶への具体的な道筋が語られていないとの批判もあったが、「人類が共通の存在であることを描き、戦争をより遠いものにし、残虐な行為を受け入れがたいような、異なる物語を私たちは子どもたちに伝えることができます」とする言葉から、オバマ氏の核なき世界をめざす思想と理念が感じとれた。

第2次世界大戦中の1944年、ルーズベルト米大統領はチャーチル英首相と話し合い、原爆をドイツには使わずに日本に使うことで一致している。原爆投下の決断をしたトルーマン米大統領は「後悔していないし、同じ状況になれば同じことをする」「真珠湾攻撃は宣戦布告なしになされた。これは殺人である」との手紙を残している。戦争遂行中の米国の最高指導者と、それから70年以上たった最高指導者の考えに隔たりがあるのはとうぜんだが、それだけではないオバマ氏の人間としての信念も垣間みることができた。

オバマ大統領は演説後に被爆者と言葉を交わした。原爆で死亡した米兵捕虜の研究や遺族との交流をつづける森重昭氏（当時79歳）が感極まって涙を流すと、そっと抱き寄せて背中をたたき、さすった。テレビ映像や新聞写真でこの光景をみて、多くの日本人はどう思ったのだろうか。

この2人を撮った写真を在京紙（2016年5月28日朝刊）では朝日と産経新聞が1面に掲載した。他紙は原爆ドームを背にして演説するオバマ大統領を載せている。欧米の新聞づくりの常道でいけば、文句なしに2人が抱き合う印象的な写真を使うだろう。一方、日本の新聞の考え方からすれば、大統領と一被爆者のヒューマンストーリーは脇筋の話とし、現職の米大統領が初めて被爆地・広島を訪れた歴史的な瞬間を説明する証拠写真として、演説写真を掲載することが優先される。背景にシンボルである原爆ドームが写り込んでいることは不可欠で、ある意味でつまらない説明的な写真が堂々の1面写真となるのである。

朝日と産経の写真の使い方は、日本の伝統的な新聞づくりに照らすと異例のものだった。

では、どうして印象的でより強い写真を1面に載せずに社会面に回すのか。これは戦争中に国策協力し、国民を欺いた新聞社やカメラマンのトラウマが、戦後の報道写真に脈々と引き継がれ、こうさせていると私は考えている。

主張をしないで、できるだけ客観的に事実を伝える。この考え方に立てば、オバマ氏と森氏が抱き合う情緒的な写真は、国家が仕組んだもので、結果として国策協力をしたことになる。今回のケースで現場のカメラマンや編集者がこのようなことを考えているかというと、そうではないだろう。しかし、最終的には、主張しない写真が戦争時代の後遺症がDNAとなっているかのように1面に掲載されることになる。

私は15年ほど前に朝日新聞の写真デスクを経験したことがあるが、当時なら編集局全体がメッセージ性の強いこうした写真を意識的、無意識的に恐れ、1面に掲載することをためらったのではないか。今回、在京6紙のうち朝日と産経がその禁を破って情緒的な写真を1面に入れた。それが被爆地・広島で撮られた写真だったことにある種の感慨を覚える。しかし、他の4紙はそのような写真を、今回も1面で使おうとしなかった。

感情に強く訴えるのがそもそも報道写真で、カメラマンらは懸命にそうした写真を撮影する。その報道写真の本質を否定するかのような矛盾を抱えるのが、日本の新聞写真のひとつの姿である。

## 二項対立させる紙面

オバマ大統領は謝罪するのかしないのか、その有無に報道が焦点化していった。こうした報道が繰り返されると、すべての被爆者や日本国民が謝罪を望んでいるかのような誤ったメッセージを米国はじめ世界に与えかねない。私はこれまで長崎を含め数十回、被爆地を訪れているが、被爆者の考え方は多様でそんなに単純なものではない。

広島県生まれで『原爆供養塔　忘れられた遺骨の70年』の筆者堀川惠子氏が、「マスコミは『謝罪』の有無ばかりを取り上げる。謝罪を求める声、求めない声を横並びにし、不毛な二者択一論を展開している」（東京新聞2016年5月25日夕刊）と批判したのも、よく理解できる。

米国内では原爆投下の正当性を訴える退役軍人の声が強いうえ、大統領選を秋に控え、共和党のトランプ氏が台頭するなど、オバマ氏が謝罪する環境にはまったくない。できもしないことをめぐり、二項対立の構図をつくって紙面を大きく割いていく報道にまた悪いクセがでたと思った。オバマ氏の謝罪の有無に報道の軸足を置くのではなく、オバマ氏に謝罪以外に何を求めるのか、求められるのかを報道すべきであった。

このようななか、被爆者唯一の全国組織「日本原水爆被害者団体協議会（日本被団協）」

が、広島を訪れるオバマ大統領に送った要望書に「謝罪を求めることを盛り込まなかった」とする朝日新聞5月26日朝刊の記事が目を引いた。日本被団協の事務局長の田中熙巳《てるみ》氏（当時84歳）は「核廃絶が前進するのであれば、我慢する」とし、「被爆者は苦しみと向き合いながら、核廃絶を求めてきた。オバマ大統領が核廃絶の道をつくることが、被爆者にとっての謝罪になる」と語った。

真の謝罪とは、核ゼロの道筋をつけること。苦渋の判断をした田中氏ら被爆者の思いがひしひしと伝わる。「被爆から70余年、その境地に至った過程は、まさに『昇華』という表現がふさわしい。高齢になった人々の、長く、重い営みが、オバマ氏の行動を後押ししたことを忘れるわけにはいかない」と、朝日新聞5月28日朝刊の「座標軸」で論説主幹が述べたのは卓見だ。

一方、被爆国である日本が何をすべきなのか、この視点からの報道が薄かったのも気になった。これからの課題として改めて取り組んでほしいが、毎日新聞の記事が参考になった。

同紙は5月26日朝刊のコラム「記者の目」で、米国が提唱した「拡散防止構想」（PSI）について言及。「唯一の戦争被爆国で、高い核技術を持ちながら核武装を明確に否定している日本が主導すれば、強い説得力を持ち、独自の国際貢献として高い評価を得られる」と提言している。核廃絶に一足飛びに向かうのには無理がある。地に足をつけて核の拡散防止について考えることは急務であろう。

オバマ大統領と被爆者の森重昭氏の抱擁写真をはじめ一連の報道をみて、このようなことを考えた。

### 氾濫する監視カメラからの映像

街角や駅、コンビニの店内、エレベーターのなか……と、監視カメラがいたるところにあふれている。自宅をでると四六時中、カメラに捕捉され、自身の行動が丸裸にされている。これが現代日本の都会の姿と考えて差し支えないだろう。

ここでは監視カメラからの映像にふれたい。

歌手のASKA（本名・宮崎重明）容疑者（当時58歳）が覚醒剤取締法違反の疑いで逮捕された事件で、逮捕直前に乗ったタクシーのドライブレコーダーの車内映像をテレビ各局が入手した。日本テレビ、フジテレビ、テレビ朝日、TBSの4社が2016年11月29日、情報番組やニュース番組で「タクシーの内部映像」「逮捕直前の27分間」「どんな表情を見せていたのか」などと映像を紹介。車内の様子を音声つきで報じたことに「プライバシーの侵害だ」「もうタクシーに乗れない」などとの批判がネット上で噴出した。

くだんの映像は、ASKA容疑者が逮捕された11月28日夕に、都内を走行中のタクシー車内で撮影された。同容疑者がスマートフォンをみている様子や、「わけあって家の前にいっぱい人が集まっていると思うんですけど、ギリギリに止めてください」「速やかに止めてドアを開けてください」などと運転手に話しかけるところが映っている。

そもそもドライブレコーダーは事件・事故に備えて設置するものだ。タクシー会社やテレビ局への批判に対し、映像をテレビ局に提供したタクシー会社を傘下にもつタクシーグループ大手「チェッカーキャブ無線協同組合」（東京都）は30日、理事長名の謝罪文をホームページ上に公表。加盟するタクシー会社がテレビ局に映像を提供したと説明した。ただ、外部への映像提供は捜査機関や保険会社にかぎっており、「厳罰をもって対応し、記録映像の徹底管理を図らせる」とした。

チェッカーキャブグループでは映像の提供依頼があった場合、本部に連絡するように取り決めているが、今回は連絡がなかったという。「映像に公共性があるとは認められず、プライバシー侵害の側面の方が強い。仮に相談されても、提供は拒否していただろう」（朝日新聞2016年12月3日朝刊）と担当者は説明している。

ドライブレコーダーの映像の徹底管理を求める通知を12月1日にだした国土交通省の担当者は「乗客のプライバシーに配慮することなく、マスコミに映像を提供するという行為が行われたことは誠に遺憾」としたうえで、「取材の妨害をする意図はなく、判断材料にしてほしい」（同）と話した。

それでは映像を放映したテレビ各局はどう考えているのだろうか。

フジテレビ企業広報部は「容疑者の逮捕直前の映像で、公共性・公益性があると判断し放送いたしました」、テレビ朝日広報部は「執行猶予中である著名な人物が再び同種の事件で逮捕されたため、公益性、公共性などの観点から総合的に判断し使用した」（朝日新聞12月3日朝刊）としている。

社内の様子は事件とは直接関係がなく、公益性があるかと問われると、微妙である。監視カメラとプライバシーの問題に詳しい小林正啓弁護士は「逃げる相談をしているとか、覚醒剤を使っている場面ではなく、単に乗っているだけ。公益性はなく、プライバシー権と肖像権を侵害している」と批判し、「水に落ちた犬をたたくような報道は考え直してほしい」（東京新聞12月2日朝刊）と訴える。

メディア論を専門とする上智大学教授の音好宏氏は「車内で犯罪が起きるなどしていれば、放映する公益性があるが、今回は疑問だ。ワイドショーのコメンテーターがコメントするために映像を利用しているように感じた」（読売新聞12月2日朝刊）と疑問を呈した。

メディア法を専攻する慶応大学教授の鈴木秀美氏は「今回は芸能人が『公人』にあたる

か、好奇心を満たす以上の意義があるかという点で判断が難しい事例。……こうした報道の意義をタクシー会社が判断することは難しく、報道機関が判断すべきだ」としたうえで、「国交省の通知は、捜査などのほかには映像を提供してはいけないかのような印象を与え、取材源の萎縮につながる。報道の自由に関わる問題だ」（朝日新聞12月3日朝刊）と指摘した。

強盗事件などが起きた際、警察がコンビニの防犯カメラやタクシーのドライブレコーダーの映像を入手し、情報提供を求めるケースは日常茶飯事だ。容疑者特定の決め手となることも珍しくない。報道機関が警察から提供され、こうした映像や写真を使うこともままある。

ところで、ドライブレコーダーはどれほど普及しているのだろうか。「十八万台が加入する社団法人・全国ハイヤー・タクシー連合会（東京）によると、三月末現在、車内撮影できるものの設置率は70・1％になり、東京都内では93・2％に達している」（東京新聞12月2日朝刊）というから驚きだ。タクシー内での言動はほぼ確実に音声つきで録画されていると考えた方がいいだろう。

覚醒剤や大麻などの薬物使用の問題は深刻な社会問題である。芸能人やプロスポーツ選手など、若者に大きな影響を与える有名人たちの使用問題も絶えない。このことを考えると、私自身はASKA容疑者の映像を報じることに対して、報道各社の判断（NHKは放映していない）が分かれていいと考えている。ただ、報じるなら、どこに公益性があるのかをきちんと説明する必要があろう。

近年のプライバシー意識の高まりとともに、一般の人たちが報道機関に映像や写真を撮られることに難色を示す場合が多くなっている。長年、報道現場にいた人間として、このことは実感できる。一方、街なかで監視カメラに無断で撮影されることに対しては、ほとんど気にかけていないようだ。私はこのベクトルの相違にかねてから大きな不安を覚えている。

## 児童ポルノとして消された戦争写真

飛行機から投下されたナパーム弾によって、大やけどを負った少女が全裸で逃げ惑う。ベトナム戦争末期の1972年6月、サイゴン（現ホーチミン）近郊でAP通信カメラマンのニック・ウト氏がこの少女を撮影、世界に衝撃を与えた。

民間人をも巻き込み、殺戮を繰り返す戦争の恐怖があますことなく伝えられ、米紙ニューヨーク・タイムズは当時、「こういう写真を見ると、人類への信頼を失わないでいるのは難しい」と評した。

この写真「ナパーム弾の少女」は翌年、ピュリツァー賞と世界報道写真大賞の２大タイトルを獲得。泥沼化したベトナム戦争の終結を早める役割を果たし、フォトジャーナリズムの記念碑的な作品になった。人の残酷な不幸を撮って、そのカメラマンが栄誉を得るという ある種の不条理を感じないではないが、人類の歴史を刻印する一枚になったことに間違いはない。

ノルウェーの作家が２０１６年８月、フェイスブック（ＦＢ）にこの写真を投稿したところ、ＦＢは児童ポルノにあたるとして削除した。これに対し、ノルウェー市民らからの抗議の声が殺到、同国の日刊紙アフテンポステンはＦＢのマーク・ザッカーバーグＣＥＯ宛ての公開書簡を１面に掲載し、戦争写真へのＦＢの見解に反論した。

自らの投稿も削除された同国のソルベルグ首相は「写真の削除は共有された歴史に手を加えることと同じだ」と批判。ＦＢは９月に入って、「この写真の歴史や国際的な重要性は認識している」として削除した写真を復旧させた。

このニュースは在京紙では産経新聞（２０１６年９月13日朝刊、共同通信社電）や朝日新聞（同17日朝刊）が伝えている。

戦争写真を児童ポルノと混同するのは言語道断である。ただ、残酷ともとれる写真や映像に対し、被写体となった人の名誉を傷つけたり、プライバシーを侵害したりしているとの理由で隠そうとする空気が強いことも確かだ。

私は2005年、ユネスコ（国連教育科学文化機関）親善大使として来日した、写真の少女ファン・ティー・キム・フックさんにインタビューした。1963年生まれで撮影当時は9歳だったフックさんは、800度以上の高熱に焼かれた身体を17回におよぶ皮膚の移植手術で再生させるという苦難の末、大輪の花を咲かせたような美しい女性に成長していた。写真展「地球を生きる子どもたち」が東京で開催されており、そのなかの一枚に「ナパーム弾の少女」があった。

「私の写真は歴史の偶然がもたらしました。そのお陰で、多くの人が助けてくれました。しかし、世界には助けの手が届かない子どもたちがいっぱいいるのです。今度は『写真の女の子』がお返しをする番です」「いまは私の人生は神様の計画の一部であったと受け入れています」（拙稿「表紙の人ファン・ティー・キム・フック」『AERA』2005年3月21日号）と、全裸の自身の写真を指差して話した。

「写真の女の子は、走っているのではなく、飛んでいるのよ」（同）というひと言も印象的だった。フックさんは自身の写真を「恥ずかしいから、残酷だからもう掲載しないでほしい」とはいわなかった。

## 共有すべき歴史に手を加える行為

東京・恵比寿にあるリニューアルしたばかりの東京都写真美術館で「世界報道写真展2016」をみた。砲撃を受け血まみれになったシリアの少女、やはり爆撃で大きなやけどを負ったスーダンの少女……顔をそむけたくなるような写真がところ狭しと展示されている。あの日のナパーム弾の少女フックさんが、世界にはいまもこんなにたくさんいるのか、そしてこれからも生まれつづけるのかと、戦争が運ぶ惨劇にいまさらながら慄然とした。

同写真展はオランダで毎年開かれる「世界報道写真コンテスト」の入賞作品約150点を展示している。2015年に撮影されたもので、128の国と地域、5775人のプロの写真家から計8万2951点の応募があり、「スポットニュースの部」「現代社会の問題の部」など全8部門で41人が入賞した。

2016年の大賞には、セルビアとハンガリー国境の有刺鉄線が月明かりに照らされるなか、必死の表情で国境越えする難民の幼児と男性を追ったモノクロ写真が選ばれた。入賞作には難民を撮ったものが多く、世界はいまどういう状況なのか、鏡のように映していた。

しかしながら、この写真展に展示されている、現実の過酷さを切り取った多くの写真は日本の新聞ではみられない。真っ赤な血を流す少女らの写真を「残酷だ」というステレオタイプのひと言で載せないのである。繰り返すが、果たしてこの判断は正しいのだろうか。誤解を恐れずにいえば、戦争の犠牲者を撮り、恐怖心を与え、嫌悪感を覚えさせる写真だからこそ、扱う必要があるのではないか。「消毒された写真」といわれることがあるが、現実に目をそむけ、毒を抜いた写真を掲載することは共有すべき歴史に手を加える行為として、のちの世に批判されないだろうか。

外国メディアをみていると、「○面に遺体の写真が掲載されています」などと注記し、読者にみるかみないかの選択をゆだねつつ、歴史をしっかりと記録していくという手法をとっているものもある。

歴史を修正しないためにも、「残酷写真」の扱いについては繰り返し考えていく必要があろう。

# 第6章
# 新聞は誰に寄り添うか

## 長崎被爆者のスピーチを黙殺した3紙

脱原発の市民運動や大学生らのカウンター行動が大きなうねりとなり、十分なニュースバリューがあるにもかかわらず、それらを黙殺したり、場合によれば強いトーンで批判したりする報道が目立つようになった。黙殺したり無視したりするのは事実を報じないことで気になる。

毎年「原爆の日」の8月9日に催される長崎の平和祈念式典での出来事をみてみる。

東京新聞2014年8月9日夕刊の1面は、特徴的で目を引くものだった。被爆者代表のスピーチ全文を1面トップにして大きく報じた。新聞の通常のつくりは、式典の概要を1面本記で伝え、社会面などの中面で雑観記事として被爆者の言葉などを伝える。それが逆さまになっていたのだ。

見出しには「『憲法踏みにじる暴挙』/長崎、集団的自衛権に怒り」とある。式典に出席した安倍晋三首相の眼前で、被爆者代表の城台美弥子氏（当時75歳）が「『憲法を踏みにじる暴挙』と集団的自衛権の行使容認を痛烈に批判した」と前文に書いてある。そして、本文として城台氏のスピーチ「平和の誓い」の全文を載せた。

長崎で被爆した城台氏は壇上に立ち、「今、進められている集団的自衛権の行使容認は、日本国憲法を踏みにじる暴挙です。日本が戦争できるようになり、武力で守ろうと言うのですか。武器製造、武器輸出は戦争への道です」と、被爆者を代表するかたちで安倍政権の安全保障政策を批判した。平和祈念式典という舞台でもあり、このことを報道するのにはそれなりのニュースバリューはあろう。

城台さんは爆心地の南東2・4キロの自宅で被爆し、畳の下敷きになったが、助かったという。小学校教員を退職後、長崎を訪れた修学旅行生らへの語り部として活動している。1998年に生後まもない孫を亡くした。城台さんは「医師は被爆と関係がないと説明したが、放射能の影響を疑わずにいられなかった。そのとき、原爆で肉親を失った人の痛みが、本当に分かった気がした」（朝日新聞2014年8月9日夕刊）と振り返っている。

くだんのスピーチについて後に分かったことだが、東京新聞8月10日朝刊によると、「日本国憲法を踏みにじられた」のくだりは用意したスピーチ原稿には書いておらず、読みあげる直前にこう訴えようと決意したという。この部分は当初は「武力で国民の平和を作ると言っていませんか」となっていたが、「待機席で登壇を待っている時、来賓席に座る安倍首相ら政治家たちの姿が目に入ったのがきっかけだった」とする。「日本が戦争できるようになり、武力で守ろうと言うのですか」という部分も原稿にはなかったそうだ。

城台さんのスピーチを聞き、共感したり考えさせられたりした人は少なくないのではないか。しかし、これを9日夕刊で報じたのは、在京紙では東京と毎日新聞（10日朝刊ではスピーチ全文を掲載）だけだった。朝日新聞は10日朝刊でフォローしたが、読売、産経、日経新聞は黙殺した。

この3紙は安倍政権の安保政策を支持しており、それに反対する意見を載せなかったわけだ。事実さえ伝えなかった、この報道姿勢をどのように考えたらいいのだろうか。

## 同じ株主総会がまったく違う記事に

このようなこともある。

原発をもつ9電力会社（沖縄のぞく）の株主総会が2014年6月26日、全国各地でいっせいに開かれた。この年は9社すべての総会で初めて「脱原発」を求める株主提案がだされた。電力各社の経営陣は、判で押したようにいずれの提案にも反対、再稼働を急ぐ方針を打ちだした。

株主総会の模様を在京紙は6月26日夕刊（産経新聞は27日朝刊）で報じた。原発ゼロを訴える朝日、毎日、東京新聞は、いずれも1面トップにし「株主直言『脱原発を』」（朝日）、「全9社で脱原発提案」（毎日）、「全社で脱原発株主提案」（東京）と主見出しを取り、大きく報じた。これに対し、原発推進を唱える読売、産経、日経新聞は、小ぶりの見出しにし、目立たない扱いにした。

読売は「原発再稼働理解求める」とする3段の見出しを取り、4面に埋没させるように入れた。産経は朝刊2面のカタに置き、「脱原発提案を全社否決」とした。日経は経済紙なので、それなりに取りあげる必要があると判断したのか、1面と1社面に記事を入れた。しかし、1面の「東電会長『経営、大胆に転換』」という見出しは3段扱いで、ほかの1面の記事のなかに埋もれた感じになっていた。このように記事の扱いも書きぶりも、まったく違うのである。

記事の中身をみると、朝日はニュースをストレートに伝えるのではなく、カバーストーリーとして読み物ふうに仕立てていた。全社で脱原発提案がされたとしたうえで、東京電力、九州電力、北陸電力で株主提案をした3人に焦点をあて、写真つきでその思いを書き込んだ。さらに原発をめぐるこの1年の主な動きのほか、今回の主な株主提案を一覧表にし、住民側に寄り添う手厚い報道をした。

毎日と東京新聞は1面のほか、それぞれ2社面にも記事を載せ、会場周辺で再稼働反対を呼びかける人たちを取りあげた。東京は1面に別稿として囲みスタイルの記事を入れ、東電の総会会場前で原発反対を呼びかける市民グループを東電社員が妨害する様子を伝えた。

この東京新聞の記事によると、東電の総会で提案理由を語った「脱原発・東電株主運動」の世話人・木村結さんは、「メガホンを使って話し始めると、東電社員が『やめてください』。すぐに周囲を取り囲んだ。木村さんは『事前に許可を取っていたのにおかしい。（原発事故後）低姿勢だった東電の態度が元に戻ってきている』と憤った」とある。総会会場周辺の険悪な空気が臨場感たっぷりに伝わってくるものだった。

こうした原発反対派の3新聞に対し、推進派の新聞紙面が素っ気ないのは想像に難くない。読売は東電の数土《すど》文夫会長の発言や関西電力の総会で筆頭株主として話した橋下徹・大阪市長の発言内容を伝えたうえで、最後の6行で「脱原発」を求める株主提案にふれ、「いずれも否決される見通しだ」とした。

産経は「業績無視の株主に困惑」との見出しにし、「原発停止が長引けば、各社の業績をますます悪化させるのは火を見るより明らか。企業の株価の下落につながりかねない主張を株主が展開する事態に、各社は頭を抱えている」とし、脱原発派株主の動きを牽制した。

電力会社に助け舟をだすような産経の書きぶりは、先に紹介した朝日や東京新聞の記事とまったく違うことがよく分かる。

日経は「経営手法や事業モデルを大胆に転換する」という東電の数土会長の言葉を1面

で紹介。1社面ではトップ記事にし、各地の会場に集まった株主からのさまざまな意見を取り上げた。再稼働に厳しい意見も積極的に掲載し、バランスをとった。さらに社会面は、株価の下落や無配を嘆く株主の声も入れ、電力会社にとっては手厳しい内容にした。

このようにそれぞれの新聞が、社論に沿う事実に光をあてる一方、そうでない事実を後方に押しやり、出来事に文脈を与え、評価していく。このため1紙だけ読んでも、株主総会の全容はなかなかつかみきれないし、どの論評が的を射ているのかも判然としない。テーマにもよるが、こうした点に留意して新聞を読まなければ、偏った解釈をしてしまう恐れがある。

## 抗議行動の扱いが二極化

審議中の安全保障関連法案に反対する抗議行動が2015年8月30日、東京・永田町の国会議事堂前やその周辺であった。雨が降るなか、「戦争させない」「9条壊すな!」と書いたカラフルなプラカードをもった参加者が歩道からあふれだし、車道をぎっしりと埋めた。「戦争法案いますぐ廃案」「ハイアン・ハイアン」と連呼している。

主催した市民団体によると、参加者は12万人(警察関係者によると3万3000人)、安保関連法案をめぐる抗議行動では最大規模になった。また、同団体の呼びかけで8月29、

30日に全国でおこなわれた抗議の集会やデモは300以上にのぼったという。参加者は大学生や高校生、家族連れ、戦争を体験した高齢者などさまざまな世代が集まった。

こうした日曜日の出来事を報道した在京紙の8月31日朝刊をみてみる。

安保関連法案に反対する立場の朝日、毎日、東京新聞は1面をふくむ複数面で大きく報じ、同法案に賛成する読売、産経、日経新聞は抑えた扱いで伝えた。

もっとも手厚く報じたのが東京新聞で、国会前を埋める群衆の特大写真を1面に据えてトップで伝えるとともに、計6個面を費やして大展開した。朝日新聞は1面カタ、2面、1社面と計3個面で、毎日新聞は1面カタ、社会面を見開きにする計3個面で報じた。朝日、毎日はトップにはしなかったものの、東京と同様に国会議事堂をからめた印象的な空撮写真を大きく扱うとともに、参加者の声を拾った。

一方、読売新聞は2社面に3段相当の目立たない扱いにし、反対派デモだけでなく、主催者発表で約500人の小規模な賛成派デモを同列に伝え、写真も「反対」「賛成」の両方を使うというものだった。

産経新聞は2社面カタで読売よりはやや大振りな扱いにした。ただ、記事内容は抗議活動で注目を集めてきた学生団体「SEALDs（シールズ）」について「洗練された〝クリーン〟なイメージで存在感を示しているが、実態は不明な部分がある」「他のグループとの衝突も起きている。警察関係者によると、中核派など〝古参〟の極左グループに対して過去の内部抗争や過激行動を厳しく批判。シールズの活動に合わせビラ配りや勧誘を行う活動家らとのトラブルも発生した」と酷評した。

日経新聞は１社面でベタ扱い、本文32行と３段相当の空撮写真を掲載した。

このように朝日、毎日、東京新聞を読むと、安保政策の歴史的な転換期を迎え、大規模な抗議行動が繰り広げられていると実感できる紙面になっている。一方、読売、産経、日経新聞をみると、一部反対派がいるものの国会審議は淡々と進んでいるという印象になる。

ＳＥＡＬＤｓのメンバーら多くの大学生らが、国会前を埋めたシーンを思いだしてほしい。政治に無関心でしらけた大学生活を送る若者が多数の時代が長くつづいてきた。このようななか自発的に大学生が声をあげ、うねりとなってきたという事実は大きな社会現象で、それなりに報じるのが新聞の役割と思うのだが……。

先に挙げた長崎の平和祈念式典や電力各社の株主総会、この項で述べたＳＥＡＬＤｓについての報道で考えたいのは、新聞が誰に寄り添っているのかということだ。公権力側や大手の電力会社側に立つ新聞と、異議を申し立てる国民側に立つ新聞の違いが鮮やかだ。新聞がどこに軸足を置き、どこをみているのか、それを見極めたうえで新聞を読んでいくと、よりニュースへの理解が深まる。

## 「炉心溶融」の社内マニュアルをめぐる報道

２０１１年3月11日、東日本大震災によって東京電力福島第一原発で事故が発生、翌12日午後、同第一原発1号機が水素爆発を起こした。爆発音とともに白煙をあげる1号機の映像が流され、最悪の場合、東日本が壊滅するのではないかという衝撃が走ったことは、記憶に生々しい。

同じ日に原発敷地内でウランが核分裂をした後にできるセシウムやヨウ素が確認され、経済産業省の原子力安全・保安院と東電はともに、「炉心溶融（メルトダウン）の可能性が高い」とした。炉心溶融とは、原子炉内の水位が下がり、冷却ができずに温度が上昇、燃料を入れた金属製の器（被覆管）が溶けることだ。

溶融した燃料は原子炉を破壊し、落下していく。そこに水があると、溶融物と接触し爆発が起こる可能性がある。爆発で格納容器が割れたり、吹き飛ばされたりしたら、大量の放射性物質が大気中に放出されることになる。よく耳にする「チャイナシンドローム」は、この溶けた燃料が地球を突き抜けて裏側に達することをいう。

保安院の広報担当者がこのような破滅的なことが起こるかもしれない重大な事態について、事故翌日の記者会見で「炉心溶融が進んでいる可能性がある」と初めて言及。これをテレビでみた首相官邸幹部がこのような重要な発表を「官邸に知らせずにするとは何たることだ」と激怒し、広報担当者が交代させられることになった。以降、保安院も東電も「炉心溶融」という表現を使わずに「炉心損傷」という言葉に固執することになる。

それからほぼ5年の歳月が流れ、東電は16年2月24日、事故当時の「原子力災害対策マニュアル」に炉心溶融の判定基準が記載されていることが分かったと発表、謝罪した。このの社内マニュアルによると、核燃料の損傷割合が「5％」を超えれば炉心溶融と判定することになっており、東電は11年3月14日午前、復旧した装置によって核容器内で測定した放射線量から3号機の炉心損傷割合を30％、1号機は55％と確認。2号機は15日夕に35％としていた。つまり、事故発生3日後には炉心溶融と判断できたわけだ。にもかかわらず、東電は「炉心溶融の明確な定義がない」「判断する根拠がなかった」と虚偽の説明をし、炉心溶融を認めたのは事故から2ヵ月後の5月半ばになってからだった。

柏崎刈羽原発が立地する新潟県の要請を受けた東電が、社内調査を進めている過程で、この社内マニュアルの見落としに気づいたという。しかしながら、この東電の説明に「はい、そうですか」と納得できる国民はどれほどいるのだろうか。新潟県の泉田裕彦知事は「社内で作成したマニュアルの定義は組織的に共有されていたはずだ。メルトダウンを隠蔽した背景や、それが誰の指示であったかなどについて、真実を明らかにしていただきたい」とのコメントをだしている。

炉心溶融という言葉がもつ破滅的なイメージを避けて、事故をより軽微にみせようとする心理や思惑が東電にあり、都合の悪い言葉の封印へとつながっていったのではないか。これまでの電力会社の隠蔽体質を考えると、社内マニュアルの存在を知っていた可能性はきわめて高い。当時は民主党政権で、菅直人首相と枝野幸男官房長官らが中心となって事故対応にあたっていた。彼らもこの社内マニュアルの存在を知らなかったのだろうか、はなはだ疑問である。

このニュースについては、日経新聞が2月25日朝刊でもっとも強く反応し、1面カタで扱うとともに2面、3面、2社面の計4個面を使って大展開した。次いで産経新聞が1面と2社面の計2個面に載せ、朝日新聞は1面の腹（紙面の中央部）に掲載したが、受け記事は書いていない。東京は2面、読売は2社面と他紙に比べて抑えた扱いだった。

日経は3面で「マニュアルは多くの関係者が見るもので、当然気づいていた人間はいただろう」と疑問を呈する専門家の見方を紹介する一方、「『炉心溶融（メルトダウン）』を正式に発表していたら、国民の間で大パニックが起きていたと思う」とする別の専門家のコメントを掲載した。

さらに日経は2社面で避難生活をいまだに強いられている福島の住民の怒りや落胆の声

を伝えた。「いい加減な企業体質だから、町を丸ごと住めなくしてしまうような事故を起こすんだ」という福島県双葉町から避難し、帰還のメドが立たない農業の男性（74）の言葉が印象的だった。

日経は間髪を入れずに翌2月26日朝刊に社説を掲載。「『炉心溶融』を封印し事態を楽観的に見せようとした政治的な圧力はなかったのか」と疑義をただし、「東電の信頼にかかわる問題だ。また原発事故時に迅速、正確に情報を国民に伝えるのは、政府も含めた通報体制の課題でもある。関係者は決して軽視すべきではない」と訴えた。

日経新聞の東電や政府に対する厳しい姿勢が目立つ紙面展開だ。経済紙である日経は、一定の注文をつけながらも原発再稼働を容認する論調を展開してきた。今回、日経は筋を通した紙面をつくったと思う。

一方、東電や政府を厳しく追及してきた朝日、毎日、東京新聞は、日経新聞のように即日社説（朝日と毎日は翌日掲載）を構えるのでもなく、日経新聞に比べてはるかに抑えた紙面づくりをした。こうした一貫しない報道は、読者の方を向いているといえるだろうか。

## 欧米偏重の国際報道

海外報道に目を転じる。

フランスのパリで2015年11月13日の金曜日夜、同時多発テロがあり、130人が死亡し、350人以上が負傷した。欧米のどこかの主要都市で過激派組織「イスラム国」(IS)によるテロが近く起こるのではないか、と多くの人が思っていたに違いない。

10月に入ってからトルコの首都アンカラで103人が亡くなる連続自爆テロがあり、エジプト東部シナイ半島ではロシアの民間旅客機が空中爆発を起こして墜落、乗客乗員224人全員が死亡した。パリでのテロの前日には、レバノンの首都ベイルート南部で2件の自爆テロがあって死者43人、ここでもISが犯行声明をだしていた。このような状況からして、いつ、どこで、何が起こっても不思議ではなかった。

パリの実行犯9人のうち、7人は11月14日未明までに自爆死するか射殺された。大半はイスラム系のフランス人やベルギー人であった。オランド大統領は自国が「戦争状態にある」と宣言、01年の米国を震撼させた同時多発テロ「9・11」にも匹敵する衝撃がフランスをはじめ世界に走った。

「ソフトターゲット」とされるコンサートホールやカフェ、サッカー場で犯行が繰り広げられた。パリ中心部のコンサートホール「ルバタクラン」での死者がもっとも多く、90人近くにのぼった。サッカー場ではオランド大統領も仏独戦を観戦していた。

場当たり的なものではなく、綿密に準備されたテロという点では「9・11」と同様だ。

ただ、「9・11」は外国人による犯行だが、今回のパリのテロはフランスやベルギー国籍をもつ欧州生まれの移民が起こしている。シリアなどで実戦経験を積んでおり、「ホームグロウン（国内育ち）」といわれるグループだ。それだけにいっそう根が深い。

フランスは間髪を入れずにＩＳが拠点とするシリアのラッカに報復の空爆をし、有志連合を主導する米国は空爆を拡大、ロシアもＩＳの支配地域を爆撃した。しかしながら、フランスの爆撃機がシリアに向けて飛びたつ映像をテレビなどでみて、複雑な思いにかられた。

テロは卑劣で憎むべきものだが、フランスをはじめ米ロの空爆などによってシリアの多数の民間人が巻き込まれる可能性が高い。10月はじめには、アフガニスタンの病院が米軍の誤爆で破壊、患者やスタッフ22人が犠牲になり、オバマ大統領が謝罪したのは記憶に新しい。

パリで死亡した人数よりも、さらに多くの民間人の犠牲者がでるかもしれない。パリでフランス人が死んだら世界は絶叫するように騒ぐが、中東やアフリカで現地の市民が死ぬことには欧米や日本の多くは無関心である。これは不条理以外の何ものでもないのではないか。

パリの同時多発テロ後、東京でもスカイツリーや都庁舎、東京タワーなどがフランス国旗の三色（トリコロール）にライトアップされ、追悼と連帯が表明された。一方、レバノンのテロはまともに報道さえされていない。これは欧米での報道も同様であろう。

このような状況をみて、評論家の斎藤美奈子氏は「欧米のメディアではこうしたダブルスタンダードは以前からの傾向で、中東出身者には強い不満があったようだ」「西側のニュースには敏感に反応しても、中東の事情には疎《うと》い私たち。その鈍感さが間接的にテロを拡大させていないだろうか。善意のライトアップも私には『わが国はフランスのシリア爆撃を支持します』の喧伝に見える」（東京新聞２０１５年11月18日朝刊）と指摘している。

限られた紙面のなかで、どのニュースに焦点をあてていくべきか。これは新聞の編集方針にかかわる重要なものだが、国際報道をみると、欧米に偏重しているケースが多い。そもそも特派員の数も違う。大手新聞社でもあの広大なアフリカやラテンアメリカに特派員をそれぞれ１人配置しているだけである。

日本の多くの新聞は、条件反射的に欧米発のニュースを優遇していないか。中東やアフリカ、ラテンアメリカに関する記事はそもそも扱わないか、扱ってもベタ記事や短信扱いになる場合が多い。紙面の隅にあるベタ記事が、その地域の重要なニュースであったりするので、記事の大小で判断することなく注意を払う必要がある。

## 「ニュース女子」問題

沖縄県東村高江の米軍ヘリコプター離着陸帯（ヘリパッド）建設への反対運動を取り上げた東京ＭＸテレビの番組「ニュース女子」（２０１７年1月2日放送）をめぐり、波紋が広がった。

この番組は、「現地報告」とするＶＴＲを流し、反対派を「テロリストみたい」「雇われている」と報じるとともに、人権団体「のりこえねっと」（辛淑玉《シンスゴ》共同代表）を名指しし、「日当をもらっている」などの虚偽のテロップを流した。レポートした軍事ジャーナリストは現場である高江のヘリパッド建設現場に行っておらず、辛代表らに取材もしていなかった。

取材の最低限度のイロハすら果たしていないこの番組の司会を、東京新聞の長谷川幸洋論説副主幹（当時）が務めていた。番組を制作したＤＨＣシアター（東京）は２０１７年1月20日、公式サイトで「言論活動を一方的に『デマ』『ヘイト』と断定することは、メディアの言論の活動を封殺する、ある種の言論弾圧であると考える」と見解を発表した。しかし、誤報あるいは捏造報道をした制作会社が「言論の活動を封殺」「言論弾圧」と開き直るのは、盗人猛々しいというほかない。このような番組を放映した東京ＭＸテレビの放送局としてのあり方も問題である。チェック機能がまったく働いていない。

一方、辛代表は1月31日、中日新聞会長と長谷川氏に「放送されたのは異論でも議論でもなくデマ。それがネットで爆発的に広がった。東京新聞論説副主幹の名前で信用をもたせ、差別をあおった」と文書で抗議した。

このようなことから東京新聞は2月2日朝刊の1面で、「『ニュース女子』問題深く反省」とする異例の謝罪記事を論説主幹の署名で掲載。「その内容が本紙のこれまでの報道姿勢および社説の主張と異なることはまず明言しておかなければなりません。／加えて、事実に基づかない論評が含まれており到底同意できるものでもありません」としたうえで、「他メディアで起きたことであっても責任と反省を深く感じています」とした。

東京新聞の社論をかたちづくる立場の副主幹が司会をし、その社説とはおよそかけ離れた論評をし、しかもそれが虚偽に基づいたものであったわけだ。東京新聞紙上ではなく、東京MXテレビの番組であっても、肩書きを明示しての放送でおこなわれたことを重視しての反省の弁であった。

併せて「『沖縄ヘイト』言説を問う」とする連載をはじめ、1回目にジャーナリストの津田大介さんへのインタビューを載せた。「今回、深刻なのは、〔ネット上と〕同レベルのものが地上波で放送されてしまったことだ。ほかのメディアはこの問題に対して、もっと怒るべきだ。そうしないと、政府が放送に介入するきっかけをつくってしまう」と警鐘を鳴らした。

東京新聞はこれらの記事でけじめをつけようとした。しかし、司会を務めた当の本人の長谷川氏の言葉や見解が載せられていない。東京MXテレビには肩書きを明示して出演しているのに、新聞には保護者のごとく論説主幹が登場し、本人が姿をみせないのは腑に落ちない。

長谷川氏は2月6日、ニッポン放送のラジオ番組「ザ・ボイス　そこまで言うか！」に出演し、謝罪記事を掲載したことについて「私に対して処分するということは、言論の自由の侵害だ」と所属する新聞を批判。「論説姿勢と、社外で発言することが違っても何の問題もない。自由な発言ができなくなれば、北朝鮮状態になってしまう」と述べた。

東京新聞の見解と、長谷川氏の主張がどうもちぐはぐで噛み合わない。

さらに長谷川氏は2月10日、講談社のインターネットサイト「現代ビジネス」に記事を掲載。謝罪記事が掲載される3日前の1月30日朝に論説主幹から人事異動の内示を受けた。そのときには「処分」という意味合いがなかったが、謝罪記事を読むと「対処」するとの文言があり、論説主幹に説明を求めたところ、「定例の人事異動である」と言いわたされたという。長谷川氏はこれに対し、「そういう態度は『事なかれ主義』にほかならない」

と非難している。

しかしながら、「言論の自由の侵害だ」とする長谷川氏は、何も分かっていないようだ。あるいは、分かっているにもかかわらず、強弁しているのか。

間違ったことを報じた部分については訂正しなければならないのが、報道の原則である。間違いを訂正し謝罪したうえで、「言論の自由」という言葉を使ってほしい。しかるべき説明や責任をとれない人に、「事なかれ主義」という資格もないのではないか。「言論の自由」という言葉に、自身の責任をすりかえていくのは認められない。

東京新聞は「報道のあり方委員会」を3月28日、東京・千代田区の本社で開き、この問題について話し合った。委員のノンフィクションライター魚住昭氏は「論説主幹が『反省』を紙面で表明したのは良いが、番組のどこがおかしかったのか、副主幹の対応のどこが問題だったのか、東京新聞はどう考えているのか、もっときちんと読者に示すべきではないか」（東京新聞2017年4月6日朝刊）と苦言を呈した。

魚住氏がいうように論説主幹の謝罪記事は、核心部分が語られていない不十分なものだ。新聞が信頼される大きな要素は、読者に対して十分な説明責任を果たしているということだ。

訂正記事が掲載されることがある。丁寧なものもあれば、そっけないものもある。どこがどのように間違ったのかが分かりやすく説明され、さらになぜ間違えたかも書かれているのが、責任をもって書かれた訂正記事といえるだろう。

## 森友学園疑惑の本質を隠す劇場型報道

「想定外の値下げにびっくり。政治的関与はあっただろう。神風が吹いた」

これは学校法人「森友《もりとも》学園」の籠池泰典前理事長が、2017年3月23日の証人喚問で話したものだ。財務省近畿財務局が大阪府豊中市の国有地を不動産鑑定の評価額9億5600万円から地下のごみ撤去費用を差し引き、1億3400万円で学園に売却できるとしたときの籠池氏の感想だ。

ふつうに考えて8億円もの値引きは、にわかには信じられない。「想定外の値下げに……神風が吹いた」という籠池氏の言葉は分からなくもない。それではどのような「神風」なのか。同氏は「政治的関与」といっている。

これが一連の森友学園疑惑の本質で、解明しなければならない点だ。

籠池氏は安倍晋三首相と近い日本会議のメンバーで、同氏が開校する小学校の名誉校長が安倍昭恵夫人、さらに同氏に稲田朋美防衛相が感謝状を贈ったという3点セットは、その関係の深さを如実に物語っている。共産党議員が2月24日の衆院予算委員会で「政治家が関与しているのではと国民が疑念をもつのは当然」と追及した。

疑惑や疑問はつきない。森友学園は幼稚園児に教育勅語を朗唱させていた。籠池氏の要望で夫人付き政府職員が財務省に照会していた。昭恵夫人は公人なのか私人なのか。安倍首相は森友学園に100万円を寄付、夫人は講演料として10万円を受け取っていたのか。昭恵夫人の籠池夫人とのメールでのやりとりが公開された。籠池氏は小学校建設の工事契約額をごまかし、補助金を不正受給していたようだ。財務官僚は「交渉記録は廃棄した」の一点張り……。

疑惑が雪だるま式に膨れあがった。キャラの立った登場人物も多く、典型的な劇場型の報道になった。

「私や妻は、小学校認可や国有地払下げに、一切関わっていない。関わっていたら、首相も国会議員も辞める」

安倍晋三首相が2月17日の衆院予算委員会でいった言葉だ。かかわっていないのなら、否定だけすればいいものを、「首相も国会議員も辞める」とまでいってしまった。切れやすい安倍氏らしいともいえる言葉だが、野党やメディアを刺激し、火に油を注いだ。自らの進退に結びつけ、否定すればおさまると咄嗟に思ったのかもしれないが、大きな誤算だった。

「私は公人だが、妻は私人だ」

安倍首相の3月1日の参院予算委員会での発言も議論を呼ぶことになる。園児に唱和させていた教育勅語にいたっては3月31日、「憲法や教育基本法等に反しないような形で教材として用いることまでは否定されることではない」との政府答弁書を閣議決定することになった。稲田防衛相が3月8日の参院予算委員会で「教育勅語に流れている核の部分は取り戻すべきだ」などと発言したことがきっかけとなり、民進党議員から質問主意書がだされていた。

この政府答弁書は波紋をよび、在京紙もすべて社説を構えた。さすがに政府寄りの論調は産経新聞だけだった。

問題の裾野が広がりすぎ、問題の本質部分がかすみだしている。

教育勅語の「復活」は3度廃案になった「共謀罪」法案の浮上ともシンクロし、右傾化する現代社会の不気味さをあぶりだした。ただ、この問題を論じることは重要だが、森友疑惑の文脈で語ってしまうと、「政治的関与」という本質が後方にさがってしまう。森友疑惑がきっかけであっても、疑惑の枝葉でしかない。教育勅語とそれを容認する政権の問題として語るのが筋だ。昭恵夫人は公人なのか私人なのか。はっきりさせることは大事であるが、これも疑惑の枝葉である。

このように問題の本質を隠していく劇場型報道の典型をみることになった。

森友疑惑のきっかけは朝日新聞の2月9日朝刊の特報だった。「国有地の売却額非公表／大阪・豊中市議、『不当』と提訴」（大阪本社版）、「大阪の国有地学校法人に売却／金額非公表近隣の1割か」（東京本社版）との主見出しで報じた。

ただ、残念なのは、朝日新聞の大阪、名古屋、西部紙面が1社面トップで大きく報じたにもかかわらず、東京紙面が見落とされがちな2社面の扱いにとどまったことだ。同新聞社は4本社体制をとり、それぞれの本社に編集権があるが、東京本社の紙面づくりは明らかにニュースの価値判断を誤った。

それでは問題の本質部分だが、8億1900万円の値引きが妥当なのか。妥当でないなら、何かがあったことになる。

値引き分は地中のごみの撤去処理費用だ。ごみが深さ9・9メートルまであるという前提で見積もられ、さらに土中のごみの「混入率」は「47・1%」と算出された。値引き額は、この地中のごみの「深さ」と「混入率」で計算されている。

朝日新聞4月17日朝刊によると、「3メートル付近より深いところは、埋め立てる前からあった堆積層とみるのが自然」（日本大学理工学部の鎌尾彰司准教授）との専門家の見立てを報じている。「混入率」については「エリアには試掘場所が約40地点あり、その平均混入率は30％弱だ。だが、国はそのうちのごみが多かった28地点の数値だけを用いたため、47・1％になった」と独自に伝えた。

国の計算の仕方は怪しくないか。財務省によると、そもそも国有地売却をめぐって過去に、国の方から撤去費用を見積り値引きした例はないという。値引きが妥当でないなら、単なる忖度《そんたく》だけでなく、政治的な関与があったかもしれない。繰り返すが、ここを追及するのが本筋である。

本質を覆い隠していく劇場型報道に乗せられてはいけない。

## 「透かし読み」のススメ

ここまで、新聞記事の内容分析と新聞の読み方のアドバイスを詳細にしてきた。新聞の嘘の見抜き方を分かっていただけただろうか。ここでは新聞を情報源として、いかに読むかを説明したい。

新聞1紙だけを毎日読みつづけるのは、情報収集法として効率が悪いということは、もうお分かりと思う。私の実家では、朝日新聞と日経新聞、地元の神戸新聞の3紙を購読していた。全国紙である朝日新聞と、経済の専門紙である日経新聞、地元紙である神戸新聞では、たいてい1面トップは違う内容の記事が掲載されていた。同じニュースを扱った記事でも、切り口や力点の置き方が違うことがよくあった。十代のころだが、新聞を比較して読み、知的な興奮を覚えた記憶がある。

では、比較することにどのような意味や効果があるのだろうか。

20年以上も前の古い話になるが、朝日新聞に「いま何が問われているのか」と題された連載があった。そこに文化人類学者の山口昌男氏が登場(1994年6月19日朝刊)し、1920年代の美術史家アビー・ワールブルク(独)の考えについて興味深い話をしていた。

山口氏の話をかいつまんで説明すると、ワールブルクは一つの絵画には長い歴史的背景の上に築かれたいくつかの意味の層があり、それらがときには相互に相反する場合すらあると考えたそうだ。そこで、彼は似た構図を持つ作品の写真を並べてパネルをつくることによって隠れた意味のレベルを浮き上がらせることを試みた。ある時代には親愛の情を示すポーズが、他の時代に攻撃のポーズとして使われたりするが、その双方を透かしてみると、深い悲しみを表すポーズであるというような意味がみえてくることがあるという。

ワールブルクはこの方法を蔵書の並べ方に応用し、ある1人の蔵書家が数点の本に自分が理由はわからないが共通の関心を抱くとき、それらをともに並べることによって、潜在的な内容が浮かびあがってくることがあるとした。つまり、ふつうの分類は題名として挙げられた内容の指示によって、あらかじめつくられた体系のなかに本を位置づけるべくおこなわれる。この方法をシステムによる分類とすれば、もう一つの方法はシンドローム（症候群）による分類ということができる。ワールブルクは、こうした蔵書整理法を新しい思考の生成過程と考えたようだ。ここまでが山口氏の説明だ。

私はこの話に感銘を受け、さっそくワールブルクに関する本を何冊か読んだ。20年以上たってもこの記事の切り抜きはすぐにだせるようにファイルし、手の届くところに置いている。私の新聞の読解法の原点がここにある。

ワールブルクは書籍相互の間、私流にいえば記事相互の間に隠れた意味が存在し、表面化すると新しい思考の指標になることがあるとする。この発想にもとづいて複数の新聞記事を読み比べ、その記事相互の間に存在する意味やメッセージをくみ取ろうとした。これが私の記事の「透かし読み」のはじまりで、ワールブルクの言葉を借りれば、記事（情報）と記事（情報）の関係に「善き隣人関係」があり、これを発見すれば幸運ということだ。

たとえば、同一テーマを扱った複数の関連記事を読み比べると、「あっ、そうか」とどの記事にも書かれていないことに気づくことがある。また、違ったテーマの複数の記事であっても、どこか繋がりがあり、ものを考える出発点になることもある。ワールブルクは、人間関係においても。この「術」を応用したようだ。

以上が複数の新聞を読み比べると、このような効果があるという点だ。創造的で個人的な作業で、どのような記事を選ぶのかは本人の自由だし、相互の間の隠れた意味をつかみ取るのは、その人がどのような問題意識をもっているのかによっても変わってくる。

第7章

# 新聞はもう終わったメディアなのか

## 悲劇的な米の名門新聞廃刊

「新聞の将来はどうなるのですか?」「発行部数は減っているようですが、どうなるのですか?」。このような質問を受けることがよくある。社会問題に関心がある人や、マスコミを受験しようとしている学生らからだ。

新聞の発行部数は漸減している。緩やかなカーブを描きながら下降しており、どこで下げ止まるのかが気になるところだ。2016年8月時点の全国紙の発行部数（日本ABC協会調べ）をみると、読売新聞は896万部で前年同月比14万部減▽朝日新聞は646万部で同33万部減▽毎日新聞は306万部で同19万部減▽日経新聞は272万部で同7500部減▽産経新聞は160万部で同6700部減――と軒並み下がっている。

12年4月と16年4月の発行部数を比べると、12年時点で読売新聞は約977万部あったが、約880万部に。4年間で約97万部を失った。朝日新聞はここ4年で105万部を減少、毎日新聞は約33万部を失った。読売と朝日がほぼ100万部の部数を失い、それぞれが900万部と700万部の大台を割った。

先に「緩やかなカーブを描きながら」といったが、読売と朝日にかぎってみれば発行部数の落ち込みはそれどころではないようだ。新聞を読まない大学生ら若者が増え、「紙離れ」が進んだことで、インターネットやスマートフォンで記事が読まれることが模索されている。ただ、これは新聞社によって温度差がある。朝日新聞はメディアラボを創設するなど新ビジネス開発にさかんに取り組んでいるようだが、読売新聞はいまも光の信号を明滅させるデジタル機器よりも、物質としての確かな存在感がある新聞紙へのこだわりが強い。

ジャーナリズムの本場米国では、何度もピュリツァー賞を受賞したコロラド州デンバーにある名門新聞社ロッキー・マウンテン・ニュースの悲劇的な例もある。この新聞は紙をやめてネット配信で生き延びようとしたが、ネット配信も思うようにいかず、創刊150年を目前に廃刊した。日本も先は見通せない。

結局、冒頭の質問に対し、「新聞はなくなってもジャーナリズムはなくならないし、新聞が完全に世の中から消えることはないだろう」という要領を得ない答えになってしまう。そうなら次は、「ネットジャーナリズムの時代になるのですか？」という新たな質問が返ってくることがある。これについては「ネットは真偽が定かでないニュースが多くて、いまの新聞の役割はまだ担えないだろう」ということになる。

いまのところの私の結論は、報道あるいはジャーナリズムは新聞ががんばるしかないと考えている。ただ、いまのような大部数にこだわる必要はない。さまざまな策を練っても部数は減っていくだろう。新聞は部数を維持、あるいは伸ばすために大衆に迎合するという歴史を繰り返してきた。言い換えれば、理性よりも感情に訴えることを優先してきた面がある。16年は「ポスト真実」の時代といわれたが、本書で例証したようにこれまでもともすれば「ポスト真実」的なニュースをつくってきた。

しかし、一方でリクルート事件や大阪地検特捜部証拠改竄《かいざん》事件などの例を挙げるまでもなく、権力監視の役割を果たし、民主主義や人権、自由、独立といった価値に寄与してきたことも事実である。毒にも薬にもなるのが新聞をはじめとするジャーナリズムだ。発行部数の減少に必要以上に抗えば、売るために大衆迎合型の感情に訴える記事を書くことになってしまう。近未来に起こる部数の大幅減という「確定的ともいえる現実」を逆手に取り、第1章で言及したように清沢冽氏が説く、第一思念(感情)ではなく第二思念(理性)に訴える記事を書く好機到来と考えたらどうだろうか。とうぜん、部数が減れば収益も減る。経営についてはそれなりに考える必要があるだろう。新聞社や新聞記者が既得権益層から降りるいい機会でもある。

清沢氏が1934年に著した『現代ジャーナリズムの批判』に再びもどる。

「新聞はかつてはその第二思念を狙った時がございました。つまり高いところに目標を置いて、自分の主張を書いて、その主張に反する者とあくまで闘ったことがあった。明治の初年の如きはそれであった」

「新聞が大きくなるに従って、主張的には弱くなる意味がお分りになると思う。強い時即ちその新聞が小さい時には自分の目がける社会層が定っておりまするから相当に大胆に書いてもいいのであります」

デジタル機器の発達によって、人間の理性部分が後退し、感情部分が肥大したのが２０１６年の「ポスト真実」の本質のように思える。このような時代だからこそ、いま新聞に求められているのは、理性である第二思念を復権させることではないか。そして、それができるのは大部数の新聞ではなく、少部数の新聞ではないか。

## 震災犠牲者の行動記録を再現した岩手日報

それでは、具体的にどのようなジャーナリズムが求められているのだろうか。近年の新聞報道で「これは凄いな」と思ったのは、岩手日報の追悼企画「忘れない」と、犠牲者の避難行動を地図上に再現し分析した連載「震災犠牲者の行動記録」だ。遺族に寄り添い、地域に密着、津波犠牲者が生じた原因と課題を深く掘り下げていっている。

岩手日報は、東日本大震災から丸１年の紙面を皮切りに追悼企画「忘れない」を掲載。震災犠牲者の顔写真とともに生前のエピソードを約１５０字で紹介した。「遺族の悲しみは簡単に癒えない。犠牲者の生きた証しを紙面で残すことはできないか」という現場の記者からの提案がきっかけだったという。

これまでに掲載した人は3467人（2017年3月11日現在）。岩手県の死者・行方不明者の6割にのぼる。震災1周年の2012年3月11日朝刊をみると、8ページにわたり顔写真と亡くなった人の人となりを伝える一文がずらりと並ぶ。津波の怖さと人の命の尊さが圧倒的な迫力をもって伝わってくる。

私も30年以上にわたって記者をし、悲しみにくれる遺族に話を聞き、顔写真を集めることのたいへんさを身をもって知っている。北海道から沖縄まで各地の遺族を訪ね、約5年かけて3467人もの顔写真を入手したとは……。その粘りと努力は絶賛に値する。犠牲者の最後のひとりまで集めつづけるという。

岩手日報はこの追悼企画だけで終わるのではなく、「忘れない」で取材した遺族2400人に15年秋から再取材をはじめた。管理職をふくむ約70人のすべての記者が、面談と郵送によるアンケートを実施。そして、地震発生時と津波襲来時の居場所が分かった1326人を地図上に落とし、遺族の了解を得た687人は実名で当時の詳細な行動記録を載せた。

震災5年が近づく16年3月5日朝刊から5日間つづけて、被害の大きかった陸前高田市、釜石市、大船渡市など県内8市町村がどのように津波に巻き込まれ、犠牲者が生まれたのかを再現。教訓をくみとっていった。

たとえば、死者・行方不明者1761人だった陸前高田市をみると、同市の「最大の特徴は、避難所に逃げた多くの人が津波にのまれた点が挙げられる。遺族アンケートで判明した犠牲者の地震発生時と津波襲来時の位置情報を結び、行動を再現した結果、海岸近くの人はまず山側の避難所を目指したことが見えてくる」などと分析している。

死者・行方不明者1040人の釜石市は、「大きな揺れの後、四方から1ヵ所に向かって人が集まってくる。その釜石市鵜住居町の鵜住居地区防災センターには地域住民が相次いで避難したが、津波が押し寄せて200人ともいわれる犠牲者が出た。／遺族アンケートでセンターに避難したことが分かっている犠牲者48人のうち、地震後すぐに避難したと答えた割合は47・9％で、同市全域（13・6％）の3・5倍。避難意識はあったものの、なぜ命を守れなかったのか」とある。

死者・行方不明者419人の大船渡市は、「JR大船渡線の山側と海側で明暗が分かれた。山側では1960年のチリ地震津波の記憶から『津波はここまで来ない』と動かない人が続出。経験が避難の足かせとなった」としている。

紙面以外に動画でも犠牲者の行動記録を再現、自社のホームページに公開した。釜石市をみると、女性を表す赤い点と、男性を表す青い点が、津波の避難場所ではない鵜住居地区防災センターに集まってくることが分かる。同防災センターはふだん避難訓練に使われており、低地にあるにもかかわらず住民がいっせいに向かっていくという不幸な結果になった。犠牲者は200人ともいわれ、画面に動くこの人たちは、全員もうこの世の人ではない。

岩手日報の記者らはこのデジタルアーカイブを使い、学校で防災の授業もしている。世界の津波被災地から注目されたため、英語版とインドネシア語版をつくり、ネットで公開。アクセスは世界86ヵ国からあった。

一連の岩手日報の震災報道は、16年の新聞協会賞を断トツの支持をえて受賞した。授賞理由に「犠牲者の行動記録は、遺族との間に築いた信頼関係が結実したものである。デジタルアーカイブとも連動し、記録的価値も高い。／地域住民の命を守るため、震災を絶対に風化させないという地元紙の信念を感じさせる」とある。

岩手日報震災取材班代表で報道部長の神田由紀氏は「われわれができることは貴重な犠牲者の『命の軌跡』を、南海トラフ巨大地震や首都直下地震などの次なる大災害にしっかり生かせるようにしていくことだ。地元紙としての使命に、決して終わりはない。これからも教訓を伝え続けることが、震災で突然命を奪われた方の追悼にもなると信じている」

（「未来に教訓をつなぐ」『新聞研究』２０１６年10月号）と述べている。

岩手日報は創刊１４０年を越える伝統のある新聞であるが、記者約70人という小さな所帯だ。しかし、２０００人以上の記者を擁する全国紙をうならせる仕事をした。地域に根ざした粘り強い取材によるデータの蓄積があってこそできる力強い報道だ。

## 被災地で車座になって語る

岩手日報は震災報道に邁進する一方で、災害報道の記者研修セミナー「次の大災害に備えて——大震災報道の教訓と今後を考える」を毎年催している。２０１６年は9月2日～4日に岩手県内で開催、全国各地の地方紙や通信社の災害担当デスクや記者が盛岡市をチャーターバスで出発し、大槌町、釜石市、大船渡市の沿岸被災地をめぐり、討議した。地元の岩手日報が中心となって、２０１３年から年に１度、合宿形式で実施している。

今回は4回目。北海道新聞から沖縄タイムスまで18の新聞、通信社、計22人が集まった。台風10号による豪雨災害が岩手県岩泉町を襲い、高齢者グループホーム「楽《ら》ん楽《ら》ん」などで多数の死者がでるなか、ついさっきまで災害紙面をつくっていた岩手日報のデスクが現地の状況を報告するという臨場感あふれる研修になった。岩泉町での10人以上におよぶ死者の実名は当局によって発表されたものの、安否不明者の実名は発表されていないとの説明があり、ここでも実名、匿名問題が浮上。今回のセミナーの大きなテーマのひとつになったた。

私は初回からこの研修のコーディネーターを務め、毎年8月もしくは9月に全国の記者らと岩手県内の被災地を訪れている。新聞協会など業界団体の主催によらず、有志による実行委員会の形式で、15社を上回る新聞社が毎年、被災地に集まり、語り合うというセミナーは異例だ。

きっかけは東日本大震災の発生から約1年後、岩手日報の東根千万億《あずまねちまお》社長（当時、編集局長）と出会ったことによる。日本人離れをした彫りの深い風貌の東根氏は「全国各地の人たちや同業の新聞社から励まされ、支えられ、１０００年に一度ともいわれる大震災の報道をなんとかつづけている。得た大震災の教訓を伝えていくことで恩返ししたい」と、熱っぽく語った。

私は新聞社の研究部門や大学などで記者教育をテーマに、実践的な研究をしてきた経験があり、フランスやドイツなど欧州のジャーナリスト学校や大学を視察し、論文も書いていた。それらについて説明し、報告書や論文を手渡した。その後、月に1回の割で東京・内幸町にある日本プレスセンターで東根氏と会合をもち、人の生死を左右しかねない災害報道にどう取り組めばいいのか意見交換しながら、セミナー内容などを詰めていった。15

年からは東根氏の後任となった川村公司編集局長とやはり頻繁に会って、研修の準備を進めている。

当初のセミナーは主に岩手日報の体験を伝えるというかたちをとり、初動取材での成功例や失敗例、震災を風化させないための報道を主なテーマにした。津波が押し寄せる最前線のビルの屋上で孤立しながら命がけで取材した記者、本社から現場に指示をだし、原稿をさばいたデスク、さらに災害報道の最高責任者である編集局長から話を聞き、教訓を引きだそうとした。2回目からはチャーターバスで、やや落ち着きを取り戻したものの、いっこうに復旧・復興が進まない沿岸被災地を視察、一般の被災者や市長、町長を含む自治体幹部から話を聞くようにした。

東日本大震災後も毎年のように国土のどこかが大きな災害に見舞われた。15年からは東日本大震災の報道に加え、新たな災害を取材・報道した地元新聞社の担当者を招き、報告してもらっている。15年は長野県の御嶽山大噴火を取材した信濃毎日新聞、16年は「余震」が「本震」となる新型地震ともいえる熊本地震を報道した熊本日日新聞、さらに南海トラフ地震に備える高知新聞が取り組みを報告。また、信濃毎日新聞からセミナーに参加した記者は、御嶽山大噴火の犠牲者や行方不明者の実名をどう割りだしていったか説明した。

日本列島は有史以来、数度しかない大きな地震の時代に入ったともいわれる。南海トラフ巨大地震や首都直下地震など、明日起きても不思議ではない大災害と隣り合わせにいるのが日本だ。全国各地で災害報道に携わる記者やデスクが、被災地で車座になって語り合い、体験や知見を共有するこうした地道なセミナーを継続していきたい。

研修最終日の9月4日、5社5人の記者がレンタカーで岩泉町の災害現場に向かった。

## 米国にみる「取材の空白地帯」の危機

毛細血管のように地域のすみずみにまで取材の足を運ぶ地方紙や地域紙の役割は重い。ここで米国の例をみてみる。

米ニュース編集協会の調べによると、米国の新聞記者らは2003年の5万4200人から14年には3万2900人に減った。約10年で4割も減少したことになる。読売新聞2017年2月21日朝刊は、米専門誌『コロンビア・ジャーナリズム・レビュー』(電子版)の2月6日の「落下傘(報道)を越えて」を引用、記者の割合が大都市に偏る傾向が強まり、「ニューヨーク、ワシントン、ロサンゼルスの3都市だけで5分の1を占める」という。インターネットが普及したことで、広告収入が大幅に減り、大規模なリストラが相次いだためだ。

地方紙の衰退は、トランプ大統領を熱狂的に支持したラストベルト（錆びついた工業地帯）の「忘れられた人々」を取材することができず、地元が抱える問題や課題を放置することになった。大都市から「落下傘」のようにエリート記者が短い期間きても、十分な取材などできない。ここを巧みにつき、「忘れられた人々」の思いを代弁したのがトランプ氏という見方だ。

ジャーナリズムの大きな役割は、公権力の監視「ウォッチドッグ（番犬）」機能である。米国では全国紙はＵＳＡトゥデーしかなく、基本的に地方紙が報道を担っているが、記者が駐在したり、取材にこなくなったりした自治体が急増、「取材の空白地帯」が多数存在し、権力監視ができなくなるという不具合が起こっている。

これについては11年の米連邦通信委員会（ＦＣＣ）の報告書でも指摘されていた。ＦＣＣから委託されて全米のニュース供給事業を調べた元米誌記者スティーブン・ワルドマン氏を朝日新聞がインタビュー、「記者が消えた街」の様子を２０１１年10月29日朝刊で紹介している。

カリフォルニア州の小さな町ベル市では１９９８年ごろに地元紙が休刊、市役所に記者がこなくなった。市の行政官（事務方トップ）は５００万円だった自身の報酬を、十数年かけて12倍の６４００万円にまで引き上げた。当時のオバマ大統領の給与の２倍だ。「驚いたことに、市議会の承認を得ている。警察署長の給与を3600万円まで引き上げるなど幹部や市議をぬかりなく抱き込んだから」という。

頼るべき地元紙はなく、十数年間にわたり市長選や市議選を記者は取材していない。たまたま広域紙ロサンゼルス・タイムズの記者が隣町で取材中に異常な高給ぶりを聞き込んで特報、発覚することになった。

ワルドマン氏は「新聞記者でなくてもいい。ネットでも雑誌でもだれか記者が時々、ベル市役所へ立ち寄るだけで防ぐことができた。行政官はさほどの偽装工作はしていなかった」と指摘する。

さらに選挙でも異変が起きているとする。オハイオ州のある都市では07年を最後に地元紙が休刊した。翌年から一円の自治体選挙で候補者が減少、投票率が下がりはじめた。「プリンストン大の研究者が調べたところ、現職の実績がまったく報道されず、有権者は投票日に判断材料に窮していた。記者がいなくなった街では、どこも現職有利、新顔不利の方向に作用しています」と分析する。

この「取材の空白地帯」問題は都市部も無縁ではない。法廷取材や医療問題、教育報道も危機的という。「残念ながら〔ネットは〕新聞の穴を埋めるには至っていません。今回の全米調査で実感したのは、ニュースの鉱石を地中から掘り出す作業をしているのは今日でもっぱら新聞だという現実です。テレビは、新聞の掘った鉱石を目立つように加工して周知させるのは巧みだが、自前ではあまり掘らない。ネットは……坑内にもぐることはしない。新聞記者がコツコツと採掘する作業を止めたら、ニュースは埋もれたままで終わってしまうのです」と警鐘を鳴らす。

現在の日本の都市や地方の取材網は米国ほどにやせ細っていない。しかし、新聞記者の数が減ってきている。将来、「取材の空白地帯」が生じるようなら、日本も米国と同じ問題を抱えることになる。ワルドマン氏がいうように、新聞が踏ん張るしかないのではないか。

## ファストニュースからスローニュースへ

それでは、これからの新聞報道はどうあるべきか。プロローグで新聞の再定義をする必要があると述べた。新聞は既存のビジネスモデルで、これまでのような収益をあげていくことは年々難しくなっていくだろう。

新聞のもっとも重要な社会的役割は、権力監視機能だと考えている。調査報道なども駆使し、公権力が正当に行使されているのか、不正が隠蔽されていないか、ウォッチしていく番犬機能だ。多大な労力と経費がかかる仕事だが、ここは譲れない一線で、これをしなくなったら新聞ジャーナリズムの存在意義そのものが失われるのではないか。

では、逆にカットできるものは何か。速報のために割くコストと労力は膨大で、ここを軽減できるのではないか。日本の新聞社は伝統的にすべてを自前でまかなおうとする。全国紙の朝日新聞や読売新聞などはほとんど通信社に頼らず、ストレートニュースを取材し、速報していく。さらに分析や解説も書き、調査報道もする。やれているのが不思議なぐらいだ。ネットもテレビもある時代なのだから、速報や自前主義にこだわらず、スローニュースに軸足を移していくべきではないか。

スローニュースは、スピード重視の速報だけでなく、深掘りした検証や分析、解説に力点を置いていこうとするものだ。ジャーナリストでアリゾナ州立大教授のダン・ギルモア氏らが、ファストフードに対抗するスローフード運動に触発され、2009年から提唱している。

最近では、英BBCが意図的にネットなどに流される「偽ニュース」対策として、事実の深掘りやデマの真偽を検証するスローニュースに報道の軸足を移す戦略を明らかにしている。日経新聞は英国外で放送するニュースと電子版を運営するBBCグローバル・ニュースのジェイミー・アンガス編集責任者にインタビューし、「2016年の英国民投票や米大統領選を通じ、不確かな情報がネット上を駆け巡った。情報の洪水のなかで『視聴者は底流の理解を求めている』と考え、データ分析やニュースの解説に力点を置く戦略を一段と強めた」（2017年5月2日朝刊）と伝えている。

第1章で述べたが、16年の英国のEU（欧州連合）離脱報道も米大統領選報道も主要メディアは誤報といえる大失敗をしており、たいへんな危機感をもっている。ギルモア氏は「報道機関が、スピード偏重から正確さと徹底した取材の重視に方針転換できた例は、まだあまり見たことがない。スローニュースに真剣に取り組んでもらいたい」「ユーザーも、そのニュースが本当なのか、まず疑いの目を持って欲しい」（朝日新聞2017年2月14日朝刊）と訴えている。

ＢＢＣという放送局でさえ、速報重視を改めるといっている。偽ニュースを生中継したり、速報したりしたことへの反省も背景にあると考えられる。災害報道などでは速報がきわめて重要なので、スピード重視をすべて否定するわけではない。速報に対応できる足腰は保ちつつも、スピード偏重と思われる速報はカットしていくべきではないか。日本の新聞もここのところはよく考えるべきだ。

新聞の大幅な部数減は避けられないかもしれない。だからといって、コストと労力がかかる権力監視機能を放棄することは自殺行為である。ＴＢＳテレビの「筑紫哲也ＮＥＷＳ23」でキャスターを務めた、元朝日新聞記者の筑紫氏はかつて「生存視聴率」という言葉を使い、高視聴率を取るためにニュース番組の質を下げるのではなく、質を維持することに心を砕いていた。新聞の部数にも採算分岐点があり、「生存部数」を維持しながら、本来の新聞の役割をまっとうするという考え方もあると思う。

詩人の長田弘氏が、米国での「9・11」同時多発テロ事件をめぐって音楽家の坂本龍一氏とおこなった対談で、次のように語った。印象的だったので紹介する。

「歴史には二つあると思う。『ファスト・ヒストリー』(手っ取り早い歴史)と『スロー・ヒストリー』(ゆっくりと見えてくる歴史)です。今は『ファスト・ヒストリー』が世を席巻しているように見えるけれど、『ファスト・ヒストリー』がもたらすのは結局、成り行き。人びとの生きる日々をつくるのは『スロー・ヒストリー』です」(朝日新聞2002年1月7日朝刊)。

16年の英国民投票と米大統領選の二つの報道は、「手っ取り早い歴史」の記録に終始し、「人びとの生きる日々をつくる」重要な歴史に目を向けることを怠ったのではないか。これを日本の新聞報道にあてはめるなら、事件・事故や社会的な出来事そのものをテレビのライブ中継のように速報するのは「ファスト・ヒストリー」の記録であり、その事件・事故や社会的な出来事の原因や背景などについて時間をかけて正確に探るのが「スロー・ヒストリー」の報道である。

「スロー」へのこだわりによって、受け手側も速報を鵜呑みにしないなどのメディアリテラシーが養われるのではないだろうか。

【著者】
徳山喜雄（とくやま よしお）
1958年生まれ。ジャーナリスト、立正大学教授。朝日新聞社で東欧革命やロシア・旧ソ連諸国の崩壊などを取材。写真部次長、雑誌『AERA』フォトディレクターなどを経て現職。著書に『安倍官邸と新聞――「二極化する報道」の危機』『「朝日新聞」問題』（いずれも集英社新書）、『原爆と写真』（御茶の水書房）、『フォト・ジャーナリズム――いま写真に何ができるか』『安倍晋三「迷言」録――政権・メディア・世論の攻防』（いずれも平凡社新書）、共著に『新聞と戦争』（朝日新聞出版）などがある。

平凡社新書852

新聞の嘘を見抜く
「ポスト真実」時代のメディア・リテラシー

発行日――2017年9月15日 初版第1刷

著者――徳山喜雄
発行者――下中美都
発行所――株式会社平凡社
東京都千代田区神田神保町3-29 〒101-0051
電話 東京（03）3230-6580［編集］
東京（03）3230-6573［営業］
振替 00180-0-29639
印刷・製本―図書印刷株式会社
装幀――菊地信義


ISBN978-4-582-85852-5
NDC分類番号070 新書判（17.2cm） 総ページ264
平凡社ホームページ http://www.heibonsha.co.jp/